PREPARAÇÃO PARA O YOGA

Coletânea de artigos publicados na revista *The Theosophist* e no livro *Way to Self Discovery,* Theosophical Publishing House, Adyar, Chennai, Índia.

Edição em português:
Editora Teosófica

SIG - Quadra 6, nº 1235,
70610-460 - Brasília - DF, Brasil
Tel.: (61) 3226-7843
Fone/whats app: (61) 98613-4906
E-mail: editorateosofica@editorateosofica.com.br
Site: www.editorateosofica.com.br
Inst.: @editorateosofica

T 129 Taimni, I. K. (1898 - 1978)

Preparação para o *yoga* / I. K. Tamni;
tradução: Membros da Sociedade Teosófica de Porto Alegre-RS,
Brasília: Editora Teosófica, 4ª ed. , 2025.

ISBN 978-85-85961-51-1

1. Filosofia do *Yoga* 2. Filosofia Oriental
II. Título

CDD 181.45

Revisão técnica: Marina Cesar Sisson
Revisão de português : Gilberto Luis Cereja da Silva
Diagramação: Reginaldo Mesquita
Projeto gráfico e capa: Usha Velasco
Impressão: Gráfika Papel e Cores
E-mail: comercial@grafikapapelecores.com.br

Sumário

Prefácio

O *Yoga* é um assunto que interessa a um número bem expressivo de pessoas. Apesar disso, existe uma grande carência de textos que apresentem o assunto de forma clara e competente. Temos plena certeza de que este livro colaborará para suprir ao menos uma pequena parte dessa grande lacuna.

Uma vez que o título desta obra é *Preparação para o Yoga*, desejamos ressaltar aqui a absoluta necessidade de que se cumpra uma etapa de preparação para as práticas mais avançadas do *Yoga*. O bom-senso e a lógica indicam que, antes de tudo, as pessoas seriamente interessadas no *Yoga* devem realizar um estudo bastante complexo sobre o assunto. Nesse sentido, as obras do Dr. Taimni seguramente despontam entre as melhores. Dentre essas, o conjunto a seguir dará uma excelente visão global sobre o tema: *Autocultura à Luz do Ocultismo; Gayatri; A Ciência do Yoga; O Homem; Deus e o Universo; Vislumbres na Psicologia do Yoga; Autorrealização pelo Amor; e Shiva-Sūtras: Realidade e Realização Supremas*.

No que diz respeito aos primeiros passos práticos no caminho do *Yoga*, essas obras, juntamente com o presente livro, oferecerão uma orientação bastante segura. O próprio Dr. Taimni comenta essa questão:

"O edifício da autocultura, que conduz finalmente à Iluminação, sustenta-se sobre três pilares: formação do caráter, *upāsanā* (devoção, adoração, literalmente: sentar-se perto) e *Yoga*. Enquanto a importância do *Yoga* nesse campo é bem reconhecida, geralmente a necessidade da formação do caráter e da devoção (*upāsanā*) não é suficientemente considerada, e os aspirantes são encorajados a entrar no caminho do *Yoga* sem qualquer preparação. Esse procedimento geralmente resulta em fracasso, frustração e numa consequente perda de fé nos métodos do *Yoga*. Somente quando o aspirante tiver desenvolvido os necessários traços de caráter e um ímpeto dinâmico para encontrar a verdade é que ele poderá percorrer firmemente o caminho do *Yoga*. O primeiro problema foi tratado em *Autocultura à Luz do Ocultismo*, e o segundo em *Gayatri*. Unicamente quando o terreno tiver sido bem preparado pela autodisciplina e pela devoção (*upāsanā*) é que o aspirante poderá dedicar-se proveitosamente à prática do *Yoga*, que foi abordada detalhadamente em *A Ciência do Yoga*. Portanto, esses três livros possuem, num certo sentido, um caráter complementar, e esclarecem diferentes aspectos da *sādhana,* ou caminho que conduz à autorrealização". (*Gayatri*)

Para quem está familiarizado com a verdadeira e suprema meta da vida *yóguica, fica* evidente que não é nem possível e nem desejável que uma pessoa comum, absorvida pela vida mundana e sob influência de diferentes tipos de ilusões, mergulhe subitamente na prática regular do *Yoga* superior. Isso porque as diferenças entre os dois modos de vida são tão drásticas que, se uma mudança súbita deste tipo fosse tentada, certamente provocaria uma reação violenta na mente do aspirante. Por isso existe a necessidade imperiosa de um período preparatório, tanto em termos teóricos quanto práticos.

Desejamos também chamar a atenção do leitor para outro aspecto igualmente verdadeiro – o de que os benefícios desse período preparatório, que na verdade já se constitui o *Yoga* preliminar, ou *Kriyā-Yoga* (*Yoga-Sūtras*, II-1), são muitíssimo importantes e trazem grande felicidade. O autor escreveu:

"Será de grande ajuda para o aspirante perceber que os benefícios do *Yoga* preliminar, são tão impressionantes e substanciais que, sem dúvida, compensam a sua autodisciplina: paz interna e alegria, que não dependem de qualquer estimulação externa; força espiritual, que não necessita apoio externo; conhecimento intuitivo, que gradualmente começa a fluir do interior para a mente; a certeza que sobrevém do seu contato parcial com as realidades internas;

a libertação das preocupações, que ocorre quando ele se liberta cada vez mais dos apegos. Tudo isso representa o fruto preliminar do *Yoga*, e precisa ser sentido para que o aspirante perceba plenamente tudo o que estava perdendo enquanto continuava imerso em sua vida comum".

(Do capítulo *O Yoga e o Homem Comum*)

O Dr. I.K. Taimni nasceu na Índia; era Ph.D. em Química (Londres) e foi por muitos anos professor de Química da Universidade de Allahabad, especializado na orientação de pesquisas nesse campo. Várias revistas técnicas estrangeiras publicaram dezenas de trabalhos seus nessa disciplina. Além de seu trabalho profissional, foi durante muito tempo um profundo estudioso de religião e de filosofia. Escreveu vários livros nessas áreas e firmou-se como uma grande autoridade no campo do *Yoga*. Suas obras encontraram um amplo reconhecimento e aceitação internacional entre os que se interessam pelo *Yoga* e pela filosofia esotérica. Seus livros já foram traduzidos para vários idiomas.

A maioria dos textos que compõem esta obra foi publicada inicialmente sob a forma de artigos em revistas da Sociedade Teosófica, sobretudo no *The Theosophist*. Posteriormente, foram incorporados em livros do autor ou em coletâneas organizadas por outros autores.

A Editora

CAPÍTULO 1

O *Yoga* e o Homem Comum

Acreditamos que cada nação possui uma singularidade individual, que pode ser percebida não só em suas características e em sua cultura, mas também na contribuição que oferece ao mundo. Em essência, formamos uma família de nações, cada uma dando sua contribuição para o enriquecimento da humanidade, segundo as suas capacidades.

Qual é a contribuição da Índia para o pensamento e o desenvolvimento da humanidade? Naturalmente as opiniões a esse respeito diferirão de acordo com a filosofia de vida e os valores das pessoas. Entretanto, aquelas que possuem uma visão mais ampla e profunda da cultura hindu, de sua história e de sua rica tradição, concordarão com a opinião de muitos de nossos sábios: a contribuição da Índia parece ter sido (e estar destinada a sempre permanecer) na esfera da vida espiritual. Pode ser difícil constatar isso atualmente, diante das condições em que se encontra esse país. Mas esse tipo de contribuição não deve ser considerado pelas fases temporárias que as nações precisam atravessar, inevitavelmente, em seu processo evolucionário. Precisa ser julgado dentro de uma perspectiva mais ampla, pelo seu passado, o modo de pensar de seu povo, suas aptidões especiais, sua tradição nacional e a natureza das aspirações que caracterizam o povo, de maneira geral.

Qualquer que possa ser a opinião corrente, creio que a maioria das pessoas que não adotou um ponto de vista materialista, concordará que uma das maiores contribuições da Índia, no campo da religião e da filosofia, é a ideia de que somos essencialmente divinos em nossa natureza íntima, e podemos superar as ilusões e limitações nas quais somos permanentemente envolvidos, por meio da realização dessa essência divina. A sobrevivência da personalidade humana após a morte do corpo físico, a existência de mundos suprafísicos, a divindade do homem, a possibilidade de atingir a perfeição são concepções de importância vital para aqueles que pensam, e constituem, indubitavelmente, uma parte integral da filosofia e da religião hindu.

Nessas doutrinas, entretanto, nada há de especial. Em diferentes formas e definições, elas constam, praticamente, de todas as grandes religiões do mundo. O que caracteriza especialmente o pensamento e a tradição hindu, no que se refere à nossa vida espiritual, é que não só o homem e o universo são divinos em sua natureza íntima, mas que é possível conhecer essa verdade pela experiência direta, *aqui e agora*. Não em uma existência pós-morte, mas aqui e agora, enquanto vivemos no mundo físico. Não de uma maneira vaga e geral, mas com toda a precisão que costumamos associar à realidade. Não pretendo dizer que essa possibilidade não seja reconhecida por outras religiões, ou que não tenham existido verdadeiros místicos e ocultistas em outros países. No entanto, creio que a técnica da autorrealização não foi desenvolvida tão sistematicamente e praticada tão intensivamente como na Índia.

Os métodos usados para a autorrealização não foram baseados em especulação; não constituem meras sugestões de experimentos, visando atingir um alvo desejado. São métodos experimentados durante milhares de anos por um grande número de santos, sábios e ocultistas, que se atreveram o bastante na exploração dos mais profundos domínios da mente e da consciência, e lograram encontrar a realidade que procuravam. Esses exploradores pioneiros não só constataram a eficiência desses métodos como acrescentaram, periodicamente, modificações para atingir o mesmo fim. Eles não somente trilharam o caminho da autorrealização como ajudaram e treinaram outros que possuíam o desejo intenso e as qualificações necessárias para esse propósito.

É precisamente esse conjunto maravilhoso de conhecimentos, teóricos e práticos, esta tradição, essa múltipla técnica, que constitui o chamado *Yoga*. É por meio desta ciência sagrada que todas as verdades da vida interior, todos os profundos segredos da natureza e do universo, todas as realidades do Divino dentro do homem, foram descobertos e demonstrados como fatos, frutos da experiência direta. Esse conhecimento e essa técnica são a mais valiosa contribuição dada pela Índia ao pensamento mundial e ao progresso da humanidade, em relação ao seu objetivo espiritual.

Esta técnica de autorrealização implica exploração de vários reinos internos da mente e da consciência, por parte de cada indivíduo e por meio de seus próprios esforços. Algumas das verdades descobertas pela experiência direta possuem uma natureza tão transcendente que é impossível transmiti-las por meio da palavra. É natural, portanto, que a maior parte da técnica não possa ser apresentada claramente na forma de um sistema rígido. Em seu aspecto mais profundo, ela permaneceu e sempre permanecerá nas mãos de um pequeno número de Adeptos, que já exploraram e dominaram com sucesso os íntimos domínios da mente e da consciência. Somente eles podem ter sob custódia não só a técnica, mas também as verdades espirituais descobertas com o seu auxílio. O número desses Adeptos é pequeno, porém suficiente para garantir a continuidade de transmissão desse precioso conhecimento de uma geração à outra. Ninguém precisa, portanto, ter medo, em tempo ou lugar algum, de não conseguir obter o auxílio e a orientação necessários, sempre que estiver pronto para recebê-los.

Apesar de sempre existirem Adeptos que possuem esse conhecimento, e que estão preparados para transmiti-los aos que estão realmente qualificados, o conhecimento não pode ser comprado por preço algum. Os que realmente o possuem já estão acima das tentações e fraquezas que impelem as pessoas a vender informações em troca de dinheiro ou popularidade. Não há nada que possa levá-los a transmitir seu conhecimento à outra pessoa, a não ser que ela esteja preparada para trilhar o caminho do *Yoga*. Eles não só deixam de repassar esse conhecimento aos curiosos, aos ambiciosos e a quaisquer outros aspirantes sem preparo, como chegam ao ponto de não deixar ninguém saber que o possuem. Portanto, devido à sua própria natureza, os segredos desta *gupta-vidyā* (ciência secreta) não podem ser uma mercadoria, e não podem ser comercializados.

Entretanto, apesar de os Adeptos do *Yoga* não transmitirem seu conhecimento aos que não estiverem preparados, eles estão ansiosos para que o maior número de pessoas esteja em condições de adquirir as qualificações necessárias para trilhar o caminho do *Yoga*, a fim de se libertar e de auxiliar os outros a se libertarem das limitações que os envolvem. Um dos motivos desse interesse é que, quanto maior o número de pessoas que trilham o verdadeiro caminho do *Yoga*, ou atingem sua meta, mais poderosas se tornam as forças que trabalham para a evolução, e maior o número de pessoas capacitadas a ajudar, efetivamente, o progresso da humanidade. Cada indivíduo que tem a capacidade de se libertar das limitações e das ilusões da vida inferior não faz isso só por si mesmo. Ele é parte de uma vida maior que chamamos de humanidade, cujo conjunto fica enriquecido e chega mais perto do seu alvo espiritual cada vez que um dos seus membros se torna capaz de ajudar os outros a também se libertarem.

Na realidade, não estamos tão separados, independentes e isolados, lutando por um progresso e numa existência individual, como pode parecer ao intelecto exclusivista, devido às ilusões dos mundos inferiores. Aqueles que estão tentando trilhar o caminho do *Yoga* e se esforçando para atingir a sua meta não estão empenhados em nenhuma competição para vencer os seus irmãos e ganhar o prêmio supremo da realização humana antes dos outros. Estão procurando se libertar, porque ninguém que tenha se conscientizado das ilusões da vida poderá ficar contente permanecendo nelas, e também porque só um indivíduo livre dessas limitações pode efetivamente ajudar os outros. Por isso os Irmãos Mais Velhos, que guiam a evolução da humanidade, sempre estão ansiosos para ajudar os aspirantes esforçados que desejam percorrer o caminho espiritual e possuem as qualificações necessárias.

Não é fácil obter um conhecimento direto e claro sobre as realidades da vida interna. É preciso cultivar o caráter e os estados mentais que possibilitam a transmissão e a aquisição desse conhecimento transcendente. Porém, isso não quer dizer que a busca do ideal do *Yoga* seja um empreendimento extraordinariamente difícil, facultado apenas a poucas almas excepcionais, especialmente dotadas ou que se encontram em circunstâncias favoráveis. Alimentar essa ideia seria interpretar mal todo o objetivo do *Yoga* e o lugar que ele ocupa em nossa vida. O *Yoga* não é destinado a poucos, mas a todos, mesmo que nem todos estejam preparados para aproveitá-lo.

Essa ideia ficará mais clara se compreendermos detalhadamente o objetivo do Yoga. Todos nós nos sentimos envolvidos por esse mundo inferior, cheio de limitações, misérias e ilusões. Vários tipos de limitações tolhem a nossa liberdade; as ilusões mais grosseiras nos bloqueiam por todos os lados; estamos constantemente sujeitos a perturbações e sofrimentos, doenças, empobrecimento, sem falar na morte, na separação e perda de entes queridos! Na verdade, não estamos realmente conscientes dessas limitações e ilusões. Por que não pensamos com profundidade e não usamos nossa faculdade de discernimento. Se o fizéssemos, veríamos que as enfáticas advertências dos místicos, sábios e ocultistas, sobre a natureza efêmera e ilusória do mundo, estão fundamentadas na experiência e em fatos concretos. Todos esses fatos estão bem na nossa frente e se revelam claramente, se a nossa mente estiver aberta e se encararmos a vida inteligentemente. Só a nossa profunda absorção mental nas atrações e conquistas mundanas nos impede de vê-los.

Se todas estas advertências sobre a natureza enganadora do mundo são verdadeiras e se nos conscientizarmos disso, mesmo que parcialmente, qual será o remédio? Será que nada podemos fazer para nos precaver? Temos que viver com todas as limitações, vida após vida, sem nenhuma esperança de libertação? Temos que passar por todas as misérias, ficando presos às ilusões, sujeitos ao ciclo de nascimentos e mortes, queiramos ou não?

Sobre essas indagações, os mesmos mestres que nos advertem quanto à natureza irreal da vida, com suas seduções e tentações, também nos dão esperança e afirmam a possibilidade de libertação dessa condições indesejáveis. Esta esperança não está baseada em crenças piedosas em uma vida após a morte ou em especulações filosóficas sobre o destino do homem. Ao contrário, fundamenta-se em fatos que os próprios mestres descobriram, por experiência direta. Eles já passaram por um longo e rigoroso caminho de autodisciplina e treinamento, libertando-se exatamente das limitações e ilusões nas quais ainda estamos envolvidos. E afirmam, enfaticamente, que cada indivíduo pode fazer o mesmo, porque a verdade que liberta das limitações está oculta no coração de cada um, aguardando ser descoberta, assim que ele se disponha a dar os passos necessários.

Esses pioneiros do espírito não só testemunham a verdade suprema e a certeza de libertação para cada indivíduo, como também apontam os métodos a serem adotados e as técnicas que possibilitam a conquista da libertação. São métodos experimentados e comprovados por inúmeros exploradores dos reinos internos da mente e do espírito. Em suas próprias vidas e consciências, eles verificaram as verdades transcendentes do mundo espiritual, de acordo com as suas respectivas capacidades e estágios de desenvolvimento. Portanto todas as pessoas que sentem necessidade de se libertar podem ter certeza de que são capazes de fazer o mesmo, contanto que deem os passos necessários e estejam preparadas para seguir o caminho de maneira diligente e perseverante.

Considerando que cada ser humano é essencialmente divino e destinado a se libertar, mais cedo ou mais tarde, das ilusões e limitações dos mundos inferiores, a única atitude que lhe cabe é decidir se começará a se esforçar *agora*, ou se adiará a caminhada para mais tarde. Trata-se de uma decisão muito singular para quem está envolto em ilusões e misérias de toda espécie, depende apenas de sua própria deliberação. É como se um homem que sofre com uma enfermidade dolorosa tivesse que decidir se deve tomar agora o remédio que o curará, ou se deve tomá-lo mais tarde. Ou como se um prisioneiro precisasse decidir entre se libertar agora, quando os meios de fuga estão à mão, ou deixar a liberdade para mais tarde.

O verdadeiro problema – no caso de todos nós que não estamos dispostos a resolver agora esta questão fundamental da vida, que está à nossa frente, e decidimos adiá-la ou tentamos resolvê-la negligentemente, sem nos entregarmos a isso de todo coração – só pode ser explicado pela falta de percepção da nossa verdadeira situação. A causa real dos problemas é a falta de discernimento, ou *viveka*, que nos capacita a abrir o caminho através das ilusões e a perceber a vida em sua simplicidade, despida de todas as fascinantes atrações e tentações mundanas. É a falta de um modo de pensar mais profundo, ou seja, a opção por uma vida superficial, que nos leva a prosseguir com as mesmas experiências; a passar pelas mesmas misérias; a nos satisfazer vivendo dentro das mesmas limitações; e a sacrificar a liberdade, a força, o conhecimento e a bem-aventurança que nos estão destinados, trocando-os por alegrias e confortos efêmeros e pelas excitações e conquistas da vida comum.

Essa carência de *viveka* é o problema de todos os seres humanos que ainda não estão suficientemente amadurecidos para sentir a urgência de empreender a aventura divina. O que pode ser feito, quando não sentimos nenhuma inclinação para fazer algo nesse sentido, quando não desejamos nos libertar daquelas condições desagradáveis? Só resta mergulhar no pântano das dúvidas, da frustração e do desamparo?

A maior parte das pessoas com anseios e aspirações espirituais está envolvida em um círculo vicioso, e não sabe como sair dele. Chegamos a pensar que essa condição nos é peculiar, o que demonstra que ainda não estamos preparados para trilhar o caminho do *Yoga*. Geralmente não percebemos que isso é normal; a grande maioria dos aspirantes precisa começar desse ponto para sair desse círculo vicioso. Apenas aqueles que praticaram o *Yoga* em vidas anteriores possuem um grande ímpeto para esse esforço, e nascem com uma forte urgência interior de praticar o *Yoga*, de maneira natural, vigorosa e sem vacilações. Para a grande maioria dos aspirantes, o caminho do *Yoga* começa na incerteza, na dúvida e na falta de urgência interior, que são simbolizadas por *vishāda*, ou o desalento de Arjuna no *Bhagavad-Gitā*. Não há nada de anormal nisso, nada que deva causar preocupação ou desespero.

Porém, terá o *Yoga* algo a oferecer aos aspirantes envolvidos nesse estado mental tão peculiar? Ou ele se destina apenas aos que já possuem uma forte urgência interior e uma aptidão especial para a sua prática? Há uma grande confusão em torno dessas indagações. Alguns confundem o *Yoga* com certos exercícios preliminares, não essenciais, de natureza puramente física, como *āsanas* (posturas) e *prānāyāma* (controle da energia vital), acreditando que o *Yoga* é apenas uma prática para alcançar uma vida física sadia. Outros têm a impressão de que o *Yoga* significa a prática do *samādhi* (êxtase) e de outras técnicas avançadas, empregadas somente nos seus últimos estágios. Naturalmente, acham que tudo isso está além da capacidade do *sādhaka* (aspirante) e concluem que o *Yoga* não se destina ao homem comum. Porém, nenhum desses modos de pensar representa a verdade sobre o *Yoga* e o seu uso como um instrumento para libertar as pessoas das limitações e ilusões que as envolvem.

Todos os seres humanos, com pouquíssimas exceções, estão envolvidos em *kleshas* (aflições da vida). Como vimos, o *Yoga* é a única maneira eficaz de que dispomos para nos libertarmos delas, e o seu uso é para todos, independente de condições ou circunstâncias. Quando emprego a palavra *Yoga,* não me refiro às versões modernas e vulgarizadas, que a reduziram a um sistema de cultura física. Evidentemente, o *Yoga* traz benefícios em termos de bem-estar físico. No entanto, é preciso deixar claro que, por *Yoga*, entendemos a técnica real de autodisciplina, autodescoberta e autorrealização, que tem como objetivo a completa e permanente libertação do homem das limitações nas quais está envolvido. É essa genuína técnica do *Yoga*, relacionada com a mente e a consciência, que pode resolver, de uma vez por todas, o grande problema da vida humana; e essa técnica está à disposição de todo aspirante.

Isso porque cada indivíduo é essencialmente divino por natureza, e pode se libertar de suas limitações quando realmente desejar fazê-lo. Não há nenhuma lei se interpondo no caminho desse fragmento da Divindade, quando ele decide se libertar e se unir novamente com o Todo do qual se separou. Como o *Yoga* é a ciência que trata dos métodos que podem, gradual e sistematicamente, efetuar essa união, o aspirante sempre está livre para aplicar esses métodos ao seu próprio caso, segundo as suas necessidades e estágios de desenvolvimento.

O que geralmente não se tem em mente a respeito desse assunto é que a enfermidade da qual todos sofrem é universal. Todos os que pensam profundamente sobre esse problema adotam um ponto de vista muito amplo sobre a vida e tentam encontrar um remédio que seja universal e infalível. O *Yoga* não é um paliativo para o grande problema da vida, como o é a maioria das soluções religiosas e filosóficas. Ele não considera os sintomas superficiais das aflições humanas, procurando removê-los temporariamente, deixando de lado a causa real e fundamental da enfermidade. Vai à verdadeira raiz da perturbação e procura remover a causa última das aflições, de uma vez por todas e para sempre.

O *Yoga* não aborda apenas um problema específico. Não procura tratar só de uma determinada espécie de aflição humana, tendo, se assim fosse, uma aplicação limitada. A técnica do *Yoga* está fundamentada na filosofia de que todas as espécies de aflições têm raízes em *avidyā* (ignorância), ou falta de percepção de nossa natureza real. Pela remoção de *avidyā,* ou seja, tomando consciência de nossa real natureza, é possível remover todas as aflições pela raiz, para sempre.

O *Yoga* não é uma técnica particular, aplicável a pessoas de um determinado temperamento ou num determinado estágio de desenvolvimento mental ou moral. Ele pode conduzir qualquer homem, em qualquer estágio, a qualquer momento, ao caminho que leva à meta última. Conduz passo a passo por esse caminho, de maneira progressiva e sistemática, utilizando diferentes técnicas, de acordo com as necessidades e os estágios de desenvolvimento do aspirante. Assim, o homem fica capacitado a romper suas limitações, uma após a outra, até atingir sua meta – a libertação e a iluminação.

Esse caráter universal e abarcante do *Yoga* precisa ser compreendido. Aqueles que desenvolveram essa prática, após penetrarem nos profundos problemas e realidades da vida e da consciência humana, não ignoravam as limitações do homem comum e as diferenças de seus temperamentos e seus estágios de desenvolvimento. Eles perceberam claramente a necessidade de desenvolver uma técnica abrangente, que pudesse ser adaptada a qualquer tipo de pessoa, independentemente de seu temperamento ou estágio evolutivo. Criaram variantes dessa técnica para atender aos diferentes temperamentos nos estágios iniciais, onde as diferenças individuais precisam ser consideradas para assegurar o progresso. Pensaram em exercícios preliminares e num desenvolvimento progressivo de autodisciplina, para preparar adequadamente aqueles que ainda não eram capazes de empreender uma prática de *Yoga* mais séria e intensiva. Essas adaptações fizeram com que os benefícios do *Yoga* estejam ao alcance de qualquer um que deseje seguir esse caminho.

Entretanto, seria uma ingenuidade afirmar que qualquer um pode praticar o *Yoga*, ou que a solução completa e permanente do grande problema da vida pode ser alcançada com facilidade. Isso não passaria de uma simplificação grosseira – aliás, muito comum em certos meios. Precisamos nos prevenir contra essa abordagem, especialmente numa época em que as pessoas, em toda parte, estão sempre com muita pressa, impacientes e procurando soluções fáceis e rápidas para seus problemas. A solução do maior problema da vida humana não pode ser obtida de forma fácil e rápida. Essa solução está fora do alcance da maioria das pessoas, pela simples razão de que elas ainda não estão devidamente preparadas para alcançá-la, já que não desejam nem procuram encontrá-la.

É igualmente necessário esclarecer que existe uma solução gradual, sistemática e já testada para esse problema. Ela está à disposição de qualquer um que tenha tomado consciência da necessidade de obtê-la e que esteja preparado para dar os passos necessários. Quando o aspirante desejar verdadeiramente essa solução, pode começar do ponto onde estiver. Com um processo progressivo de autodisciplina e purificação da mente, ele começará a se movimentar, firme e confiantemente, em direção à sua meta. Não fará diferença se a sua mente ainda estiver repleta de dúvidas e incertezas, ou mesmo se a sua urgência interior ainda não for muito grande. À medida que a mente se purificar, por meio da autodisciplina, a luz de *buddhi* (intuição) começará a brilhar através dela, e todas as condições indesejáveis desaparecerão gradualmente, pois elas nada mais são do que consequências de uma mente que está sobrecarregada de desejos, conflitos e impurezas de toda espécie.

Os fatores que quebram o círculo vicioso mental são justamente a purificação gradual e a harmonização da mente.

Não se espera que o aspirante realize práticas avançadas de *Yoga* antes de estar preparado. Ele só poderá executá-las de maneira fácil e natural quando desenvolver a capacidade necessária. Enquanto isso, terá que trabalhar muito para promover as necessárias alterações em sua vida e em seus estados mentais. Este trabalho preparatório absorve toda a energia e tempo de que ele dispõe, mas é acompanhado pela maravilhosa alegria do desabrochar espiritual. Sua vida interna começa a se movimentar; o botão da flor divina começa a abrir.

Quando o aspirante atingirá a meta? Essa é uma pergunta irrespondível, mas muito importante para quem realmente começou a trilhar esse caminho. A vida espiritual é um estado dinâmico de ser e consciência; seu objetivo não é alcançar um estado estático ou final. O que é significativo é o processo de desenvolvimento, e não qualquer estágio temporário ao qual o discípulo seja levado.

Portanto, o aspirante deve lembrar que os benefícios obtidos, mesmo por essa *Yoga* preliminar, são tão impressionantes e substanciais que, sem dúvida, compensam a sua autodisciplina. A paz e a alegria, que não dependem de qualquer estímulo externo; a força espiritual, que não necessita de nenhum apoio externo; o conhecimento intuitivo, que gradualmente começa a fluir do interior para a mente; a certeza nascida do contato parcial com as realidades internas; a libertação das preocupações, à medida que se tem cada vez menos apegos. Tudo isso é o fruto, mesmo preliminar, do *Yoga*. Esse fruto precisa ser notado, para que o aspirante tome plena consciência de tudo o que estava perdendo enquanto continuava completamente imerso na vida comum.

Para comparar, basta olhar ao redor e examinar a vida das pessoas que buscam nas sensações e nas atividades comuns do mundo uma felicidade que sempre foge, apesar de termos direito de nascença a elas. Basta observar particularmente a vida das pessoas consideradas bem-sucedidas – os ricos, os famosos e os poderosos –, para ver se encontraram a verdadeira felicidade. Ou examinar as condições que prevalecem em países que atingiram um elevado nível de vida, materialmente falando, e analisar se seus povos são realmente felizes. Claro que é absolutamente necessário assegurar um padrão de vida mínimo, para que possamos atuar devidamente no plano físico – mas isso, por si só, não pode trazer o céu à Terra, como a filosofia materialista quer fazer crer. Não somos animais que se satisfazem só com a fruição dos desejos materiais. Também não somos entidades puramente mentais, que podem permanecer contentes só com atividades racionais e culturais. Somos seres espirituais, pertencemos ao reino do espírito, e aqui vivemos no exílio. Apenas o conhecimento da nossa real natureza divina – a autorrealização – pode nos satisfazer completa e permanentemente. Quanto antes tomarmos consciência disso e começarmos a trabalhar para esse fim, tanto melhor para nós.

CAPÍTULO 2

Samādhi - a Técnica Essencial do *Yoga*

Os *Yoga-Sūtras* de Patañjali formam um livro com 196 *sūtras,* ou aforismos, divididos em quatro capítulos. O primeiro capítulo trata da natureza geral do *Yoga* e suas técnicas. *Samādhi* é a técnica essencial do *Yoga;* por isso, mesmo sendo de difícil compreensão, foi estudada no primeiro capítulo.

O segundo capítulo aborda as limitações, ilusões e consequentes misérias humanas e da filosofia de *kleshas*, com um método geral para libertar a alma humana dessas aflições. Aborda, também, a preparação preliminar para uma vida *yóguica* e as cinco primeiras das oito partes em que se divide a técnica do sistema de Patañjali. Esse capítulo inteiro trata, portanto, da filosofia básica e das práticas preliminares a serem dominadas antes que o *sādhaka* esteja em condições de lidar com a própria mente com seriedade e eficiência. Esse é o capítulo mais importante para o principiante.

O terceiro capítulo aborda as práticas puramente mentais que culminam em *samādhi* e as realizações que se tornam possíveis com sua prática bem-sucedida. Nestas últimas estão incluídos não apenas os poderes psíquicos do *Yoga* (chamados *siddhis,* em sânscrito), mas também a liberação final da consciência das limitações e ilusões da mente, o que leva à *kaivalya* (autorrealização).

O último capítulo trata da filosofia e da psicologia do *Yoga* de maneira geral, e também dos estágios finais da técnica do *Yoga,* que levam à autorrealização. O livro, portanto, abrange um vasto campo e trata de todos os problemas relativos ao autodescobrimento e à autorrealização por meio do *Rāja-Yoga*. Como, porém, o assunto foi tratado sob a forma de *sūtras*, o verdadeiro conhecimento deve ser extraído aos poucos da mente de cada um, por meio de uma cuidadosa reflexão. Mas o assunto é tão importante, e tão fascinante para o aspirante, que vale todo o trabalho necessário.

É preciso lembrar que a técnica do *Rāja-Yoga* trata dos últimos estágios autodirigidos da evolução humana, consumados na libertação de todas as limitações e ilusões. Portanto, não se deve esperar que o estudo teórico e a aplicação prática dessa técnica sejam fáceis. Porém, para aqueles cujo discernimento espiritual tenha sido desenvolvido, ainda que parcialmente, ela fornece meios eficientes, já bem experimentados, para libertá-los dos sofrimentos, não apenas nesta vida, mas em todos os tempos vindouros.

Mesmo que o aspirante não possa colocar toda a técnica imediatamente em prática, ele deve dominá-la completamente, pelo menos em seus aspectos teóricos, e, aos poucos, ampliar sua aplicação prática, à medida que seu interesse cresça e sua capacidade aumente. Isso porque a técnica oferece uma ideia geral de todo o campo de trabalho, em todos os seus aspectos, do começo ao fim. Essa é a estrada principal para nosso verdadeiro lar; devemos conhecê-la, pelo menos teoricamente, mesmo que demoremos no percurso e ainda tenhamos um longo caminho a percorrer.

Como nosso escopo neste livro é apenas dar uma ideia geral do assunto, estudaremos sucintamente os *sūtras* mais expressivos, que servem para esclarecer nossas ideias sobre os aspectos importantes da *Rāja-Yoga*. *A Ciência do Yoga*[1] trata de todos os *sūtras* de maneira sistemática; aqueles que desejam fazer um estudo completo do assunto devem consultar esse ou qualquer outro livro sobre os *Yoga-Sūtras* de Patañjali.

O primeiro *sūtra* que podemos examinar é bastante conhecido; ele define a técnica do *Yoga* em quatro palavras:

Yogas citta-vrtti nirodhah (I-2)
"*Yoga* é a inibição das modificações da mente".

[1] *A Ciência do Yoga*. I. K. Taimni, 5 ed., 2011. Brasília-DF. (N. ed. bras.)

O comentário do livro *A Ciência do Yoga* esforça-se para explicar o significado dessas quatro palavras, mas não se pode realmente compreender a importância do *sūtra* simplesmente conhecendo esse significado. É preciso estudar todo o livro antes de compreender o que o *sūtra* significa, pois compreendê-lo significa realmente entender a técnica do *Yoga* como um todo. Portanto, um principiante deve se contentar em entender o significado geral desse *sūtra,* sem se preocupar muito com o seu significado mais profundo, até que tenha percorrido o livro do princípio ao fim.

Mas podemos considerar uma ilustração científica que talvez ofereça uma ideia mais clara sobre o sentido desse *sūtra* do que um longo comentário poderia oferecer. Imagine um depósito de vidro cheio de água límpida. Suspensa na água está acesa uma lâmpada elétrica; no lado invisível para nós, há um pequeno motor com o poder de agitar a água em diferentes velocidades. Veremos a lâmpada elétrica claramente enquanto a água estiver perfeitamente parada; nessas condições, não veremos a água. Se ligarmos o motor, a água começa a se agitar em uma velocidade crescente.

O que acontece como resultado dessa agitação? Quando a água começa a ser agitada, a lâmpada já não pode ser vista como realmente é, mas um tanto distorcida. Quanto maior a agitação, mais distorcida sua aparência. Ao mesmo tempo, a água, que antes era invisível e não assimilava a luz emanada da lâmpada, começa a assimilar a luz e torna-se cada vez mais visível. À medida que aumenta a velocidade do motor, cresce a agitação na água; começam a aparecer desenhos, que vão se formando e se dissipando com rapidez. Os desenhos temporariamente produzidos na água são visíveis, porque assimilaram um pouco de luz. Eles não brilham com luz própria, mas com luz emprestada da lâmpada. Se a velocidade do motor aumenta ainda mais e a agitação atinge um certo limite, os desenhos tornam-se tão numerosos e densos que escondem por completo a imagem da lâmpada. Não podemos vê-la de modo algum; vemos somente os desenhos na água, que aparecem e desaparecem, em rápida sucessão.

Invertendo o processo, o motor, aos poucos, reduz a velocidade, a agitação da água lentamente diminui. Os desenhos tornam-se menos densos e a lâmpada começa a aparecer, ainda que distorcida. Quando o motor para e a agitação da água cessa, a lâmpada vai ficando mais claramente visível. Assim que a água volta a ficar completamente parada, a lâmpada pode ser vista sem distorção, os desenhos desaparecem e a água se torna novamente invisível. Todo o processo foi revertido; voltamos à condição original.

Esse é um bom exemplo do processo de obscurecimento da realidade pelas agitações e distorções produzidas na mente. Fornece, também, uma pista sobre o método para remover esses obscurecimentos, permitindo que nos tornemos outra vez conscientes da realidade em nosso interior. Mas, para que isso fique bem claro, talvez seja necessário chamar a atenção do leitor para certos pontos.

Em primeiro lugar, são as agitações, distorções e modificações comuns na mente, chamadas *citta-vrttis*, que obscurecem a realidade e ocultam nossa verdadeira natureza divina. Se elas forem removidas, por algum método, e a mente ficar completamente calma, sem qualquer modificação – transparente, por assim dizer –, nós percebemos a realidade que já brilha no centro de nossa consciência. No *Yoga*, as agitações e modificações da mente, que existem em diferentes graus, vão progressivamente cessando, até que a mente se torna tranquila, transparente, límpida como a água. Ela está presente, mas imperceptível. Este é o estado de autorrealização.

Entretanto, devemos compreender que, embora o processo de remoção das agitações e obscurecimentos da mente e a consequente percepção da realidade pareça muito simples, na prática ele não é. Existem as fortes tendências mentais, os impulsos do passado, as impressões sob a forma de *karmas* e a lentidão das transformações que precisam ocorrer. Por isso é necessário um longo período de disciplina e de prática das técnicas do *Yoga*. Os resultados são seguros, mas devemos estar preparados para pagar o preço, sob a forma de esforços e sacrifícios. Nosso objetivo não pode ser atingido com métodos fáceis, ultrassimplificados, que são recomendados em certos círculos.

O segundo ponto que devemos observar é que a mente brilha com a luz da realidade; ela não tem luminosidade própria. A realidade é como o sol, enquanto a mente é como a lua. É a absorção da luz da realidade oculta no interior da mente que fornece o sentimento de realidade que temos em nosso mundo individual de imagens mentais. O mundo mental, que é onde verdadeiramente vivemos, seria um mundo morto se não tivesse por trás a luz e a vida da realidade, iluminando-o e energizando-o.

No entanto, devemos ter o cuidado de lembrar que é apenas no reino da manifestação que a consciência da mônada desaparece devido às modificações da mente. Em seu próprio plano, ela permanece autoconsciente, assim como a lâmpada elétrica permanece brilhando, mesmo quando não pode ser vista do exterior.

Depois de analisar o princípio geral de encobrimento e descobrimento da realidade oculta na mente, estudaremos a técnica específica que o *Yoga* emprega para levantar esse véu. A técnica chama-se *samādhi,* e é a própria essência do *Yoga.* Todas as outras práticas no *Yoga* são preliminares e preparatórias para a técnica de *samādhi.*

A palavra *samādhi* designa o mais elevado estado de meditação, quando há consciência apenas do objeto da meditação, e não da própria mente. O *samādhi* é o ponto culminante da meditação sobre um objeto cuja realidade deve ser compreendida diretamente. Ele é precedido por dois outros estágios, chamados *dhāranā* e *dhyāna*. O *Yogue* começa com *drārana,* ou concentração. Quando *dhāranā* se torna perfeita, transforma-se em *dhyāna,* ou contemplação; quando a contemplação é perfeita, transforma-se em *samādhi,* ou êxtase. Os três estágios constituem um processo crescente de aprofundamento da concentração, como descrevem os *sūtras* 1, 2 e 3 do Capítulo III:

Deśha - bandhaśh cittasya dhāranā. (III-1)
"Concentração é o confinamento da mente dentro de uma área mental limitada [definida pelo objeto da concentração]."

Tatra pratyayaikatānatā dhyānam. (III-2)
"Fluxo ininterrupto [da mente] para o objeto [escolhido para a meditação] é contemplação."

Tad evārthamātra-nirbhāsam svarūpa-śhunyam iva samādhih. (III-3)
"O mesmo [estado de contemplação], quando há consciência somente do objeto da meditação e a consciência da própria mente desapareceu, é *samādhi.*"

A diferença entre os três estados e o modo como um estado leva a outro, podem ser compreendidos no estudo dos comentários.[2] Aqui, estamos interessados apenas na natureza essencial de *samādhi*. Para compreendê-lo, devemos começar pelo *sūtra* 41 do Capítulo I.

Ksīna-vrtter abhijātasyeva maner grahītr-grahana-grāhyesu tatstha – tadañjanatā samāpattih. (I-41)

"No caso de alguém cujas *citta-vrttis,*[3] ou modificações mentais, tenham sido quase completamente anuladas, a fusão do conhecedor, do conhecimento e do conhecido tem lugar, como uma joia transparente colocada sobre uma superfície colorida."

Esse é um *sūtra* um tanto enigmático, mas que ilustra o estado de *samādhi* de maneira muito eficiente, por meio de um exemplo simples. *Samādhi* é a técnica para compreender a realidade de qualquer objeto, usando a palavra "objeto" em seu mais amplo sentido – qualquer coisa que possa ser percebida pela mente. Essa compreensão é o "conhecer por tornar-se", ou seja, a mente se transforma na própria natureza do objeto cuja realidade pretende compreender.

---

2 Esses comentários podem ser estudados nas páginas 217 a 225 do livro *A Ciência do Yoga*. Ed. Teosófica. (N. ed. bras.)

3 *A Ciência do Yoga*. I. K. Taimni, pp. 217-225. 5 ed., 2011. Brasília-DF. (N. ed. bras.)

A percepção comum baseia-se numa relação sujeito-objeto, onde está presente uma triplicidade – o conhecedor, o conhecimento e o conhecido. A realização baseia-se na fusão desses três elementos num estado integrado de consciência. Todas essas ideias relativas ao *samādhi* estão ilustradas no *sūtra* I-41. Ele deve ser analisado muito cuidadosamente, para que possamos compreender seu real significado.

Tentemos, primeiramente, entender o que o exemplo utilizado pelo *sūtra* quer dizer, e depois sua importância em relação ao estado de *samādhi.* Imagine uma bonita gravura aberta sobre uma mesa, que a cobrimos com uma placa de vidro opaco. A gravura desaparece sob o vidro; nenhuma parte fica visível. Agora imagine que, com um processo químico qualquer, podemos, aos poucos, ir tornando perfeitamente transparente qualquer parte do vidro opaco. Marcamos um círculo no alto da placa de vidro e aplicamos nele esse tratamento químico. Lentamente, a porção de vidro sob o círculo vai ficando menos opaca e, finalmente, se torna inteiramente transparente.

Qual o resultado? Uma parte da gravura aparece e o resto continua oculto, porque uma parte do vidro que cobria a gravura tornou-se completamente transparente e deixou de obstruir a luz. O vidro está lá, mas "diluiu-se" na parte da gravura que agora está visível. Podemos marcar outro círculo na placa e, repetindo o processo, tornar visível outra porção da pintura. O que observamos é que a parte do vidro que deixa de obstruir a luz praticamente desaparece, ou fica diluída na parte correspondente da gravura. É como se o vidro assumisse a aparência da gravura, embora não tenha realmente desaparecido e ainda esteja ali.

O fato de que uma área do vidro se libertou da obstrução lhe dá a capacidade de assumir a cor, a forma e a beleza da gravura sobre a qual repousa, tornando-se una com ela. Podemos também ver que, tratando diferentes porções da pintura; dessa maneira, o processo se torna seletivo. Um terceiro ponto a ser observado é que a "individualidade" de qualquer parte do vidro opaco depende das obstruções que produzem sua opacidade. Sem elas, o vidro, na prática, deixa de ter uma existência separada, embora continue a existir.

Uma parte do vidro opaco difere da outra pela quantidade e pela disposição do material que obstrui a luz. Mas, quando a obstrução é removida, o vidro adquire uma transparência pura, que será a mesma para qualquer parte tratada da mesma maneira. Portanto, podemos dizer, metaforicamente, que a assimilação da pintura pelo vidro, ou a unificação do vidro com a pintura, depende da perda da "individualidade", ou do "sentimento de eu" que o vidro opaco possui.

Quem estudou um pouco da técnica de *samādhi* sabe o quão belamente esse exemplo ilustra o processo de "conhecer por tornar-se". Em *sabīja samādhi*, em distinção a *nirbīja samādhi*, o objetivo não é compreender a própria realidade. O objetivo é mais limitado: compreender uma realidade oculta num objeto, qualquer que seja. É por isso que um determinado objeto é selecionado para a prática de *samyama;* é a realidade por trás do objeto que é revelada em *sabīja samādhi.*

A realidade de todos os objetos em manifestação está presente na mente universal, na mente divina que "idealizou" o sistema manifestado em seus múltiplos aspectos. Quando selecionamos um objeto para executar *samyama*, a fim de descobrir a realidade por trás dele, estamos realmente marcando na placa de vidro uma determinada área da pintura que desejamos revelar, isto é, a porção ou aspecto da mente universal que desejamos conhecer *tornando-nos* o próprio aspecto.

A mente universal, contendo a realidade de todos os objetos manifestados, corresponde à gravura completa. Nossa mente corresponde à placa de vidro opaca. O objeto sobre o qual nos concentramos em *sabīja samādhi* corresponde à área que marcamos na placa. E, finalmente, executar *samyama* sobre um determinado objeto corresponde ao tratamento químico sobre o vidro em uma determinada área, tornando-o transparente, para que revele a porção correspondente da pintura.

À medida que o vidro de nossa mente vai se tornando menos opaco, começamos a ver a realidade por trás do objeto cada vez com mais clareza, até que o vidro se torna completamente transparente, e a realidade que estava oculta nessa determinada área da mente universal é revelada em sua plenitude. Este é o segredo de "conhecer por tornar-se": deixar a mente praticamente inexistente, una com o objeto do *sabīja samādhi.*

É como se estivéssemos num pavilhão circular, entre magníficas montanhas, com lindas paisagens em volta. O pavilhão possui pequenas janelas em todo seu perímetro, mas todas estão fechadas. Abrindo uma delas, descortinamos o belo panorama à frente. Fechando-a e abrindo outra janela, um panorama diferente aparece. Podemos repetir o processo e obter diferentes vistas da paisagem circundante, abrindo uma janela após a outra. Em *sabīja samādhi* abrimos diferentes janelas de nossa mente sobre a paisagem da mente universal e obtemos visões das realidades ocultas por trás de diferentes objetos selecionados para essa prática de concentração.

Até agora temos tratado de realizações de natureza limitada, isto é, realidades correspondentes a determinados objetos. Mas o que dizer acerca da própria realidade?

Conhecê-la é o nosso objetivo final. Como a própria realidade se revela em nossa consciência? Para descobrir isso, temos que mergulhar mais fundo na mente. Na verdade, temos que ir além do reino da mente e penetrar no reino da própria realidade.

Em *sabīja samādhi* nossa mente torna-se una com a mente universal; por meio dessa unificação, conhecemos o que está presente na mente universal. Mas a mente universal não é a realidade. Ela é o produto da ideação divina. Ela surge da realidade por diferenciação entre ser e não ser, assim como um quadro surge da consciência de um artista quando ele o imagina mentalmente. Portanto, temos que ir além da mente universal para atingir a própria realidade. Temos de transpor a ideação divina e nos unificar com o Idealizador, o Sujeito, para conhecer o Sujeito em sua real natureza.

Essa é a técnica do *nirbīja samādhi*, descrita no último capítulo dos *Yoga-Sūtras*. Nesse capítulo há um *sūtra* que projeta luz sobre a natureza do *nirbīja samādhi* e como ele se distingue do *sabīja samādhi:*

Citer aprati samkramāyās tad-ākārāpattau sva-buddhi - samvedanam (IV-22)
"O conhecimento da sua própria natureza através da autocognição (é obtido) quando a consciência assume aquela forma na qual não passa de lugar para lugar".

Esse *sūtra* é muito esclarecedor; porém, para atingir seu significado interno e melhor entendê-lo, temos que lançar mão de outro exemplo ilustrativo.

Imagine uma lâmpada elétrica no centro de vários globos de vidro concêntricos. Os globos são translúcidos, não transparentes. Por isso, reduzem progressivamente a luz irradiada pela lâmpada. A luz vai se tornando cada vez mais fraca à medida que passa pelos sucessivos globos de vidro; a superfície mais externa parece quase escura, em comparação com o brilho da lâmpada, porque a maior parte da luz foi absorvida pelos globos intermediários.

Além disso, imagine que os globos não são apenas translúcidos, mas possuem diferentes tipos de desenhos pintados em sua superfície. Desse modo, a luz que os atravessa ilumina as pinturas neles gravadas. Imagine agora que esses globos são retirados um a um, começando pelo mais externo. À medida que cada globo é retirado, a luz se torna mais forte e um novo globo aparece, com seu próprio desenho. Cada vez que uma superfície é retirada o globo seguinte aparece, com uma nova pintura, mais iluminada que a anterior. Se continuarmos o processo até remover o último globo, só restará a lâmpada, brilhando com sua luz própria.

Enquanto os globos estão em seus lugares, a luz da lâmpada ilumina suas superfícies. Quando todos os globos são retirados e nada mais resta, a lâmpada ilumina a si própria. O mesmo acontece com a consciência oculta sob os diferentes níveis da mente. O nível mais externo é a consciência do nosso cérebro físico. Enquanto houver uma mente para iluminar, a consciência a iluminará, pois a mente funciona ou percebe através da luz de *buddhi;* ela não tem luminosidade própria, como a realidade.

Quando todos os níveis da mente forem transcendidos, nos diferentes estágios de *samādhi*, e todos os veículos da mônada tiverem sido deixados para trás, o que a luz da consciência vai iluminar? Não há mais mente para iluminar; a consciência tem luminosidade própria, e não depende de mais nada para a sua iluminação. Assim é o processo de *nirbīja samādhi* (mencionado no *sūtra* IV-22), que leva à autorrealização e à consumação da técnica do *Yoga*.

O que esse *sūtra* descreve é a ascensão da consciência nos diferentes planos e nos vários estágios de *samādhi*, (tratados no *sūtra* 17 do Capítulo I). Quando a consciência atinge o plano *átmico*, o mais elevado plano no sistema manifestado, resta apenas uma barreira, um delgado véu. Chegamos, aqui, a uma situação peculiar. Nos estágios intermediários, havia sempre um nível mais profundo da mente onde mergulhar. Aqui, atingimos a barreira que separa o reino mais sutil da mente do reino da realidade. Portanto, o resultado de qualquer outro mergulho mais profundo na consciência só pode significar mergulhar na realidade, ou seja, atingir a autorrealização.

Chegamos agora a outro aspecto de *samādhi*, o último de que podemos tratar nesse breve apanhado. É a diferença entre *samprajñāta* e *asamprajñāta samādhi*, estágios mencionados nos *sūtras* 17 e 18 do Capítulo I.

Vitarka-vicārānandāsmitānugamāt
samprajñātah (I-17)
"*Samprajñāta samādhi* é aquele que é acompanhado por raciocínio, reflexão, bem-aventurança e sentimento de puro ser".

Virāma-pratyayābhyāsa – pūrvah
samskāraśeso nyah (I-18)
"A impressão remanescente deixada na mente com a supressão do *pratyaya*, após a prática precedente [*samprajñāta samādhi*], é a outra [*asamprajñāta samādhi*]".

Esses dois *sūtras* já foram bastante estudados nos comentários;[4] por isso, não entraremos em maiores detalhes aqui. Porém, podemos tentar entender a ideia geral que encerram, para que a nossa concepção do estado de *samadhi* possa ficar mais clara.

No *samādhi* a mente está absolutamente fechada a qualquer distração interna ou externa, e a intensidade de concentração vai aumentando à medida que aumenta a profundidade do mergulho no objeto da concentração. A mente contém apenas o objeto no qual está concentrada e cuja realidade procura conhecer. Ela alcança o limite máximo e percebe que não pode ir além. Foram esgotados todos os aspectos do objeto sobre o qual está meditando. A

---

[4] *A Ciência do Yoga*. I. K. Taimni, pp. 36-47. 5 ed., 2011. Brasília-DF. (N. ed. bras.)

mente, então, permanece imóvel, em condição de extrema concentração. Não pode recuar nem avançar.

Nesse estado, o objeto da concentração (*pratyaya)* é abandonado; a mente é levada a permanecer concentrada, estabilizada num vácuo, por assim dizer. Todas as fontes externas de contato foram cortadas pela intensa concentração de *samprajñāta samādhi*. Assim, a única maneira de escapar é em direção ao plano superior seguinte. Mais cedo ou mais tarde ela passa, através do centro comum a todas as dimensões de consciência, para a dimensão imediatamente superior. Um novo mundo surge no horizonte da consciência; nesse novo mundo, revela-se um aspecto mais profundo do objeto de concentração, numa dimensão mais elevada.

Enquanto o objeto (*pratyaya*) ocupa o campo da consciência, o processo de *samādhi* é chamado *samprajñāta samādhi* (*samādhi* com consciência e com um objeto). O processo no qual não há mais objeto na consciência é chamado *asamprajñāta samādhi* (*samādhi* com consciência, mas sem objeto). Esse é apenas um passo no processo de mergulho. O processo deve ser repetido sucessivamente nos diversos planos, até que o plano *átmico* seja atingido. Como vimos, o próximo mergulho nos levará ao reino da verdadeira realidade.

CAPÍTULO 3

Preparação para o *Yoga*

O estudo sobre a natureza do *samādhi* e os processos mentais sutis que ele envolve podem dar a impressão de que a técnica do *Yoga* não é para qualquer um, e que o homem comum pode, na melhor das hipóteses, fazer apenas um estudo teórico do assunto, adiando a aplicação prática para uma futura encarnação, quando as condições forem mais favoráveis e suas faculdades mentais e espirituais estiverem mais desenvolvidas. Essa impressão, ainda que natural, baseia-se numa concepção errônea.

Aqueles que formularam a filosofia do *Yoga* e delinearam suas técnicas não ignoravam as fraquezas da natureza humana e as limitações e ilusões em que o homem comum está mergulhado. Eles não poderiam mostrar a urgência de se libertar dessas limitações e depois apresentar um método acima da capacidade da maioria das pessoas. Eles conheciam as dificuldades do *Yoga*, mas também sabiam que essas dificuldades podem ser vencidas pela adoção de um treinamento progressivo, científico e coerente com as leis do crescimento e da evolução do homem.

Para atingir qualquer objetivo que valha a pena, é preciso proceder sistematicamente e se preparar para um esforço prolongado e intenso. Quem deseja ser um grande matemático deve começar pelas quatro operações da aritmética e, aos poucos, ir abrindo caminho até se assenhorar da ciência. Não é possível começar assistindo a aulas de cálculo integral e diferencial numa universidade. O estudante está preparado para um longo treinamento, mas sabe que o sucesso final está garantido, desde que ele não desista de seus esforços.

No entanto, quando lidamos com a possibilidade de atingir o mais elevado objetivo, que representa o ponto mais alto da evolução humana, todas essas informações baseadas na experiência e no senso comum são esquecidas. As pessoas começam a se preocupar com a dificuldade da prática do *samādhi* e a imaginar quando estarão aptas a passar a estados superiores de consciência. Chegam a pensar que basta apenas começar e que, em bem pouco tempo, todos os frutos da vida *yóguica* serão seus, ou deveriam ser. Por isso, ou não começam ou, quando começam, ficam desiludidas e logo desistem, achando que são incapazes de empreender uma tarefa tão difícil, ou que, afinal, a tão propalada ciência do *Yoga* não tem muito a oferecer. Vamos, assim, protelando o esforço e permanecendo praticamente no mesmo estágio, vida após vida. Não adotamos o bom-senso do dia a dia em relação a esse problema, ao contrário do que fazemos com as questões ligadas às nossas atividades mundanas.

A Ciência do *Yoga* pode ser dominada, como todas as outras, por meio de um curso de treinamento gradual. Começamos com coisas simples, que todos podem fazer, e prosseguimos, passo a passo, dos problemas simples para os complexos, das práticas fáceis para as mais difíceis. Devido às diferentes potencialidades ocultas nos diferentes indivíduos, nosso progresso não é medido por anos de trabalho, mas pelo aumento das nossas capacidades e pelas mudanças na nossa mente e nas nossas atitudes

Tratemos primeiro das disciplinas preliminares que preparam o aspirante para as práticas mais avançadas do *Yoga* superior. O *sūtra* 1 do Capítulo II oferece, de maneira condensada, um esboço desse treinamento preliminar, com o qual todo aspirante pode começar imediatamente sua formação e preparar uma fundação sólida para a vida *yóguica*, de maneira sistemática e dinâmica.

Tapah-svādhyāyeśhvara-pranidhāna kriya-yogahnāni
(II - 1)
"Austeridade, autoestudo e entrega a *Īśhvara* ou
Deus constituem o *Yoga* preliminar".

O estudante verá que os três tipos de atividades que o *sūtra* prescreve destinam-se a desenvolver os três aspectos fundamentais da natureza humana: vontade, intelecto e amor. O conhecimento intelectual estabelece as bases da vida *yóguica*, por meio de uma sólida preparação teórica. O desenvolvimento do amor (ou devoção), e a transformação e purificação da vida que essa atitude implica, adiciona sabedoria ao conhecimento. Finalmente, com a aplicação da vontade espiritual e o controle e a inibição das modificações da mente, o *Yogue* passa do estágio de sabedoria para o da realização. Todo o treinamento e autodisciplina culminam na autorrealização e na libertação.

A importância desses três elementos da autodisciplina preliminar foi explicada detalhadamente no comentário,[5] e não necessitamos entrar em considerações minuciosas a esse respeito. Mas há alguns pontos de interesse geral que devemos trazer ao conhecimento do aspirante.

O primeiro ponto a ser observado é que todos esses diferentes tipos de atividades constituem um começo real da vida *yóguica*; a rápida transição de um estágio preparatório para um estágio avançado de progresso depende do aspirante e de como ele lida com as atividades de autodisciplina. Se ele aborda com energia e seriedade os problemas ligados a essas atividades, pode, em pouco tempo, adquirir

[5] *A Ciência do Yoga*. I. K. Taimni, pp. 36-47. 5 ed., 2011. Brasília-DF. (N. ed. bras.)

controle sobre sua natureza inferior e atingir uma concentração e uma firmeza de propósito que o tornará apto às práticas mais avançadas do *Yoga* superior.

Tapas, *svādhyāya* e *Īśhvarapranidhāna* parecem ser práticas misteriosas, mas não são. *Svādhyāya* é apenas o estudo intensivo das questões mais profundas da vida, para termos uma base teórica adequada e adquirirmos uma ideia correta e global de todos os problemas envolvidos na prática do *Yoga*, assim como dos métodos empregados na solução desses problemas. Mas esse estudo tem que ser levado adiante por nós mesmos, de tal maneira que possamos aos poucos ir desenvolvendo a capacidade de extrair todo o conhecimento de nosso interior e nos tornarmos independentes de auxílio externo.

O estudo também deve ser feito em um nível mais profundo, e não deve consistir apenas em acúmulo de informações de segunda mão obtidas em livros. O principal propósito de *svādhayāya* é abrir as portas do verdadeiro conhecimento dentro de nós e desenvolver a capacidade de obter acesso a esse conhecimento sempre que necessário. Esquecemos facilmente que todo conhecimento está realmente dentro de nós, na mente universal, e é possível acessá-lo, pelo menos até um certo limite, abrindo uma passagem entre a mente inferior e a mente superior.

Não se trata do conhecimento das realidades, adquirido através dos processos mais elevados de *samādhi*. Trata-se do conhecimento intelectual comum, que está presente no ego, na individualidade, e opera por meio do corpo causal. Ele pode ser obtido se a mente inferior estiver purificada e sintonizada com o Eu Superior. Este é um conhecimento muito superior ao conhecimento comum de segunda mão, adquirido em livros, na observação, etc., porque se origina de uma fonte mais elevada e está livre de erros, incertezas e distorções, características do conhecimento indireto derivado de fontes externas.

Todos os meios, métodos e práticas que têm o efeito de abrir o canal entre a mente inferior e a mente superior, (como reflexão, meditação, *japa,* etc.) são denominados *svādhyāya.* O principiante deve utilizá-los cada vez mais, à medida que crescem seus interesses e capacidades.

A tradução comum para *tapas* é "austeridade", mas esse termo causa uma impressão errada sobre a real natureza dessa parte do *Yoga* preparatório. Essa palavra é derivada do vocábulo sânscrito *tap*, que significa "aquecer até alta temperatura. Se o ouro impuro é aquecido até uma alta temperatura, todas as suas impurezas são aos poucos eliminadas; só permanece o metal puro, perfeito. Essa é a ideia essencial de *tapas*, que, em termos amplos, significa disciplinar nossa natureza inferior a fim de purificá-la e remover todas as fraquezas, para que o corpo e a mente obedeçam a nossa vontade e sirvam como instrumentos eficientes do Eu Superior.

Tapas é, portanto, a transmutação da natureza inferior

em superior por um processo de autodisciplina. Pode-se lançar mão de disciplinas austeras de várias espécies, e deve-se fazê-lo, se absolutamente necessário, mas essa não é a parte essencial do processo. A purificação e o controle podem ser obtidos por métodos mais eficientes do que a obediência a votos rígidos ou a submissão do corpo a desconfortos e sofrimentos desnecessários. Cada aspirante deve usar, com inteligência, seu método individual.

Quanto a *Īśvara-pranidhāna*, comumente traduzida como autoentrega a Deus, é realmente um aspecto da devoção e um método eficiente para desenvolvê-la. Estudamos em outra obra[6] a questão desse desenvolvimento abordando o objetivo do caminho do amor e a natureza da devoção. Todo esse conhecimento tem apenas que ser usado com seriedade e perseverança para produzir resultados, mas ele requer prática, sinceridade e determinação, pois a devoção não surge com facilidade. Somos testados e experimentados até o limite máximo, e isso muitas vezes pode causar desespero. Mas, quando a devoção surge, transforma a nossa vida e nos enche de alegria e exaltação, a ponto de sentirmos que os sacrifícios e sofrimentos por que passamos não são nada quando comparados à bem-aventurança e à graça de Deus que desce sobre nós.

Esse *sūtra* de cinco palavras tem alcance muito amplo

---

[6] Autocultura à Luz do Ocultismo. I. K. Taimni, Cap. 21, 3 ed., 2011. Brasília-DF. (N. ed. bras.)

e oferece um método abrangente para preparar para os estágios superiores da vida *yóguica*. Ele cobre praticamente todos os aspectos da nossa natureza. Se os métodos sugeridos, em sua tríplice disciplina, forem seguidos com sinceridade, cuidado e entusiasmo, não somente transformarão nossa natureza e nossos corpos inferiores em instrumentos adequados ao Eu Superior, como também abrirão novas perspectivas de realizações e liberarão energias e potencialidades ocultas que dificilmente suspeitávamos haver em nós.

Se começarmos a praticar isso que estamos aprendendo, a vida será imediatamente transformada; deixaremos de cogitar se é possível praticar s*amādhi*, se somos capazes de desenvolver o amor a ponto de conseguirmos atingir, em algum grau, a união com o objeto de nossa devoção. Utilizando novamente o exemplo do estudante decidido a se tornar um grande matemático, lembramos que ele começou se interessar por matemática porque fez somas aritméticas comuns, não porque se preocupava com cálculo integral e diferencial; estes ele aprenderia mais tarde, no devido tempo. Embora tenha sempre em mente seu objetivo, ele não perde tempo nem energia pensando em coisas que, no momento, não lhe competem. O trabalho em que está empenhado é tão absorvente e interessante que, por ora, lhe basta.

O trabalho criativo de qualquer tipo dá alegria à vida, e

a transformação da nossa natureza pelos métodos do *Yoga* preparatório é um trabalho criativo da mais alta ordem, mais real e mais dinâmico do que pintar um quadro ou esculpir uma estátua. O homem que está esculpindo a imagem do seu eu verdadeiro está trabalhando com algo vivo, real. Um problema básico da vida está sendo resolvido. Um quadro vivo do que seremos no futuro está sendo pintado. Uma nova estátua, corporificando nossa futura perfeição, está surgindo no bloco de mármore bruto da nossa natureza inferior. É a criatividade divina desse trabalho que transforma nossa vida numa canção, apesar de todas as atribulações pelas quais estejamos passando, na periferia da nossa consciência.

Esse processo é semelhante a um botão tentando se abrir em flor, com toda a alegria presente nesse ato natural. Estamos tentando trazer o futuro para o presente. Estamos nos transformando naquilo que somos. Não sabemos como a estátua será, mas ele, que é o nosso eu mais interno, sabe; sentimos sua mão nos guiando ao pegar o cinzel e começar a modelar o mármore da nossa natureza bruta. Os artistas conhecem a emoção de pintar um quadro ou escrever um poema. Eles podem avaliar a felicidade de produzir a imagem divina viva potencialmente oculta em nosso interior. Um quadro ou uma estátua são objetos sem vida, mas aquilo que aos poucos vai surgindo do nosso interior tem vida; é um ser divino com infinitas potencialidades, que se torna cada vez mais um veículo do amor, da sabedoria e do poder divino. A imagem completa pode ainda estar no futuro, invisível e desconhecida, mas é esse trabalho criativo de trazê-la à existência que dá alegria e entusiasmo ao *Yoga* preparatório.

Nesse trabalho não importa a idade, as circunstâncias, nem mesmo a morte. Ele pode continuar sem interrupção até mesmo depois da morte, se estivermos orientados nessa direção, pois nossa meta sempre permanecerá dentro de nós, onde quer que estejamos. Todas as influências externas pertencem ao mundo fenomenal, mas agora atrelamos nosso vagão à estrela eterna de nossa alma, que está oculta dentro de nós e que nos guia em direção a si mesma. Isso é o que o Y*oga* preparatório potencialmente significa e pode realmente se tornar, para quem empreende o trabalho com seriedade.

O segundo capítulo dos *Yoga-Sūtras* refere-se à natureza da preparação para praticar o *Yoga* avançado, e delineia de forma muito lógica e sistemática a filosofia sobre a qual sua técnica se baseia. Supõe-se que essa filosofia do *Yoga* deriva de *sāmkhya*, um dos seis maiores sistemas da filosofia hindu. Não há dúvida de que o *Yoga* lembra em grande parte o sistema *sāmkhya* de filosofia, embora certas diferenças fundamentais não possam ser ignoradas – o que leva muitos eruditos a contestar a existência de uma real conexão entre os dois.

Quando dois sistemas filosóficos que vieram de um passado muito remoto coexistem lado a lado por milhares de anos, e não há evidência disponível sobre suas origens, é muito difícil definir esse tipo de questão, que interessa apenas aos filósofos acadêmicos. São questões sem grande importância para os aspirantes ao caminho espiritual. O que interessa é a técnica prática, que resistiu às provas do tempo e da experiência por milhares de anos, e pode ser utilizada com confiança. A filosofia do *Yoga* fornece uma base adequada para as técnicas utilizadas – e isso é o mais importante.

A teoria em que se baseia uma ciência experimental é importante para correlacionar e integrar suas técnicas em um conjunto coerente, mas a validade da teoria não afeta de maneira nenhuma a eficiência das técnicas utilizadas para finalidades práticas. Durante muito tempo a eletricidade foi usada para todo tipo de finalidade, com muita eficiência, ainda que as teorias então aceitas para explicar esse fenômeno fossem incompletas e insatisfatórias. Se todas as leis atuais sobre a eletricidade fossem tidas como insustentáveis, em consequência de novas descobertas, provavelmente a prática fundamentada na aplicação dessas leis para o desenvolvimento científico e industrial permaneceria a mesma, porque se baseia em fatos experimentais, não em especulações ou teorias de qualquer espécie. Isso também vale para a filosofia do *Yoga*. Ainda que seja uma filosofia magnífica, sua validade ou não validade não afeta a técnica nem a utilidade do *Yoga* como uma ciência para desvendar os mistérios mais profundos da vida e descobrir a realidade dentro de nós.

Tentemos agora obter uma ideia geral e clara sobre a filosofia na qual se baseia a técnica do *Yoga* de Patañjali. Essa filosofia está delineada no Capítulo II, passo a passo, em 26 *sūtras*, do 3º ao 28º.[7] Não é possível estudá-los em detalhes aqui; podemos dar somente um esboço geral das ideias que fundamentam esses *sūtras* e dos elos da cadeia de raciocínio que formam a base da sua filosofia.

Essas ideias começam com o problema das limitações e ilusões que envolvem todos os seres humanos, com pouquíssimas exceções. O *sūtra* que resume isso é o II-15. Em tradução livre, pode ser expresso assim: "Para aqueles que desenvolveram o discernimento, tudo é miséria, devido às dores resultantes de mudanças e ansiedades, bem como devido aos conflitos entre as tendências inatas que o homem encontra em sua natureza e os pensamentos e desejos predominantes num determinado período".

Alguns leitores considerarão essa afirmativa um tanto radical e bastante pessimista, mas já examinamos a ques-

[7] *A Ciência do Yoga*. I. K. Taimni, pp. 111-165. 5 ed., 2011. Brasília-DF. (N. ed. bras.)

tão em outra obra,[8] e não necessitamos retomá-la. Todos os grandes instrutores da humanidade começaram por esse fato básico da vida; portanto, podemos tomar como correta a afirmativa *sūtra*.

A pergunta que surge em seguida é: aceitando que toda a vida humana seja de miséria, é possível evitar essa miséria ou nos livrarmos dela? A resposta é absolutamente clara, inequívoca e enfática; está no *sūtra* II-16: "A miséria que ainda não chegou pode e deve ser evitada". Essa é a resposta que uma verdadeira filosofia de vida deve oferecer. Qual é a utilidade de mostrar as limitações da vida sem oferecer uma solução real, uma esperança de libertação? No entanto, muitas das filosofias modernas são assim; levantam questões e as deixam sem resposta, oferecem remédios que são meros paliativos ou simplesmente não os oferecem.

Após afirmar que as misérias da vida podem ser evitadas ou transcendidas, a filosofia analisa a causa da miséria. Aqui reside outra prova de sua eficiência. Se você sofre de uma doença, pode tentar duas soluções: usar paliativos que aliviarão temporária e parcialmente os sintomas desagradáveis, ou adotar um caminho mais eficiente e procurar a causa da moléstia, para então tratá-la. Somente dessa maneira é possível erradicar o mal por completo e para

[8] *A Ciência do Yoga*. I. K. Taimni, pp. 135-139. 5 ed., 2011 - Brasília-DF. (N. ed. bras.)

sempre. A filosofia do *Yoga* adota esse último caminho. Vai à raiz dos sofrimentos e das limitações, sugerindo um remédio para remover a causa do mal completa e definitivamente.

A análise da causa do sofrimento humano encontra-se na teoria dos *kleshas*, que forma uma cadeia de causa e efeito com cinco elos. O primeiro é *avidyā,* ou ignorância primordial. O segundo é *asmitā,* ou identificação da pura consciência, que é livre, autossuficiente e autoexistente, e através da qual a consciência se manifesta quando envolta na manifestação. O terceiro e quarto elos são *rāga* e *dvesa*, que significam atração e repulsão de vários tipos, e que resultam da consciência com os seus veículos e com o ambiente. O último elo é o efeito final dessa cadeia de causas e efeitos; chama-se *abhiniveśha,* que significa apego instintivo à vida mundana e a gozos corpóreos e o medo de ser separado deles pela morte.

Portanto, a primeira causa do sofrimento é *avidyā,* ou ignorância, e seu último efeito é a vida vivida em limitações e ilusões de várias espécies. Não entraremos em mais detalhes; entretanto, há um ponto que deve ser esclarecido. *Avidyā* não significa ignorância na acepção comum do termo, nem mesmo ignorância no sentido filosófico geral. Trata-se de um termo técnico que significa realmente falta de percepção da nossa verdadeira natureza. É por termos perdido essa percepção da nossa real natureza divina que fomos envolvidos na manifestação. *Avidyā* é a causa instrumental da involução da mônada na manifestação. Como e por que a mônada foi envolvida na manifestação é uma questão última, fora do reino do intelecto; talvez tenhamos resposta para ela somente quando readquirirmos nossa percepção da realidade na libertação. Por enquanto, tomemos apenas o fato de que estamos envolvidos, e é necessário e desejável sair dessa condição de limitação indesejável em que nos encontramos.

É óbvio que, se a falta de percepção da nossa verdadeira natureza é a causa da nossa servidão subjetiva, ou de estarmos envolvidos na manifestação, o único remédio permanente é a recuperação da percepção da realidade, ou conhecimento de nossa verdadeira natureza. Esse é o elo seguinte de raciocínio da filosofia do *Yoga*. Ela mostra que o efeito final, sob a forma de misérias na vida humana, tem como causa primária a perda de percepção da realidade. Consequentemente, o único meio de transcender as misérias é reconquistar permanente e completamente a percepção da realidade. É o que diz o *sūtra* II-26. "A ininterrupta prática da percepção do real é o meio de dispersão de *avidyā*". Nenhum paliativo, nenhuma solução temporária é apontada, como costuma ocorrer na maioria das filosofias modernas.

A questão seguinte, naturalmente, é como praticar a percepção da realidade. A resposta está no *sūtra* II-28: "Da prática dos exercícios que compõem o *Yoga* e da destruição da impureza nasce a iluminação espiritual, que se desenvolve em percepção da realidade". Em seguida vem o *sūtra* 29, que expõe os conhecidos oito exercícios ou práticas da técnica do *Yoga*.

Eis, em síntese, a filosofia do *Yoga*. Ela mostra como a mônada se envolve na manifestação com a perda da percepção de sua natureza real, o que a leva a se identificar com seus veículos e com tudo o que está associado a eles. Essa identificação acarreta o desenvolvimento de toda espécie de ligações pessoais, laços de atração e repulsão com pessoas e coisas. São esses laços que produzem as diferentes espécies de experiências que, por sua vez, são a fonte das misérias, existentes ou em potencial. A filosofia do *Yoga* mostra o caminho natural para reverter esse processo de involução, e termina com a mônada readquirindo a percepção de sua natureza real. A ciência do *Yoga* é apenas a técnica com a qual isso pode ser realizado sistematicamente.

Essas afirmações meramente lançam os princípios que dizem respeito à involução da mônada e à sua libertação das condições indesejáveis, quando seus olhos internos começam a abrir e ela percebe a verdadeira natureza da vida nos planos inferiores, assim como a necessidade e possibilidade de se libertar dessas condições. O método efetivo de libertação e as diferentes técnicas à disposição do aspirante são detalhes que podem ser aprendidos com o estudo minucioso do *Yoga*. O aspirante deve fazer uma pesquisa cuidadosa dos métodos e técnicas, e aprender como aplicar da melhor forma esse conhecimento ao seu caso individual.

O importante é começar de maneira decidida e com uma intenção pura. Quando isto acontece, todas as forças da natureza cooperam e ajudam o aspirante em seu esforço – mesmo quando aparentemente parecem estar bloqueando seu caminho. Muitas vezes a natureza testa o nosso empenho, fazendo aflorar nossa força e poderes ocultos. Precisamos aprender a perseverar diante das dificuldades; se formos pacientes, encontraremos um caminho se abrindo à nossa frente, com oportunidades inesperadas surgindo de diferentes maneiras.

Outro ponto importante a ser esclarecido a esse respeito é a preocupação desnecessária sobre quando começar ou qual caminho seguir: Para a pergunta "onde devo começar?", a resposta é: comece em qualquer parte, mas comece imediatamente. O caminho que leva à realidade não é uma estrada que precisamos encontrar antes de entrar nela com nosso carro. É um caminho sem rastro que se abre dentro de nós; podemos entrar nele em qualquer ponto do tempo ou do espaço, que, na verdade, deve ser *aqui* e *agora*.

Há muitos equívocos sobre a decisão de escolher entre os caminhos do conhecimento, da devoção ou da ação. Os aspirantes pensam que precisam seguir um deles do princípio ao fim, e se preocupam desnecessariamente em identificar a qual deles pertencem. O fato é que esses caminhos não são rotas diferentes que tomamos para alcançar uma meta. Na realidade, não são caminhos separados que levam a um destino comum; são apenas diferentes espécies de técnicas combinadas para despertar ou desenvolver aspectos diferentes da nossa natureza divina.

Evidentemente a perfeição implica um desdobramento harmônico e uniforme da nossa natureza divina. Não pode haver uma perfeição real e definitiva de nossa natureza divina se existir um lado assimétrico, uma desarmonia ou deficiência de qualquer espécie. Portanto, cada aspecto da nossa natureza divina tem que ser desenvolvida e precisa estar presente em sua forma mais madura, quando a perfeição final for alcançada.

Mas, apesar da perfeição final precisar de todos os diferentes aspectos da nossa natureza em uma forma desenvolvida, eles amadurecem melhor com a concentração em um determinado aspecto durante um certo tempo. As condições da vida permitem desenvolver um aspecto em grau intenso, sob um determinado conjunto de circunstâncias. Isso não quer dizer que não devemos amadurecer outros aspectos de maneira equilibrada e harmônica, embora seja inevitável que alguns aspectos ocupem um lugar subordinado em nossa vida, durante certo tempo.

É essa necessidade de concentração em um determinado aspecto, durante certo tempo, que tem gerado a noção equivocada de que somos mais bem adaptados, por temperamento, para trilhar uma determinada senda, e precisamos segui-la se quisermos que nossos esforços sejam bem-sucedidos. Na realidade, as condições diferentes da mente, das emoções e das ações, que indicam nossa adaptação a um determinado caminho – *jñāna*, *bhakti* ou *karma* –, não passam de fases do nosso desenvolvimento interior. Por isso, não devemos hesitar em tomar um rumo diferente se sentirmos uma forte tendência para fazê-lo.

Não se trata de seguir uma determinada técnica, ou, melhor dizendo, de dar ênfase especial a uma determinada técnica durante certo tempo, de acordo com as necessidades do nosso desenvolvimento interno. O desenvolvimento harmônico não significa desenvolver todas as linhas com a mesma intensidade. Significa apenas não permitir que qualquer aspecto da nossa natureza fique para trás a ponto de afetar o nosso equilíbrio e impedir o progresso.

A passagem por fases diferentes de desenvolvimento e a adoção de técnicas diferentes em tempos diferentes, que dão a impressão de estarmos trilhando diferentes caminhos, são ilustradas pelo diagrama da página seguinte.

Podemos começar em qualquer ponto, e após seguir um determinado rumo com toda a intensidade, trocar de direção e seguir por outra linha, na mesma encarnação ou em uma vida diferente. Seguimos essa linha durante algum tempo e mudamos novamente para outra. Ficamos, assim, capacitados a dar ênfase a todos os aspectos, um de cada vez, e a desenvolvê-los harmoniosamente. Dessa maneira, a natureza procura facilitar que fiquemos equilibrados e que, no final, cheguemos a uma perfeição uniforme.

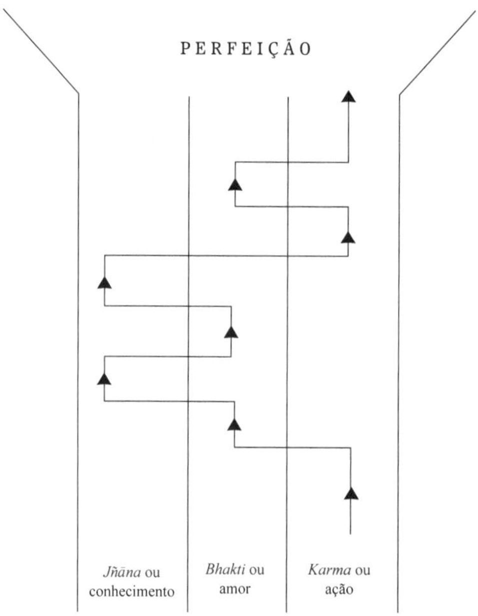

CAPÍTULO 4

O Sistema de *Yoga* de Patañjali

Existem diferentes sistemas de *Yoga* no Oriente. Melhor dizendo, existem diferentes espécies de técnicas de *Yoga*, empregadas de diferentes maneiras, visando à meta do caminho do *Yoga* – a Autorrealização. Algumas dessas técnicas são menos importantes e têm alcance limitado. Podem produzir resultados exíguos e conduzir o aspirante apenas um pouco adiante, ao longo do caminho. Outras são de natureza mais fundamental e fazem parte da maioria dos sistemas de *Yoga*. Pessoas que não estão familiarizadas com esse assunto não podem distinguir as diferenças, e frequentemente praticam pequenos e limitados exercícios supondo que estão praticando a ciência do *Yoga*, alimentando a esperança de concretizar suas mais elevadas aspirações por meio deles. Essa é uma das razões pelas quais é necessário um estudo profundo e cuidadoso da filosofia e da técnica do *Yoga*, no seu mais amplo sentido, antes de praticá-la com seriedade e empenho.

O sistema de *Yoga* de Patañjali é um sistema sintético, que procura combinar algumas das técnicas maiores e menores em um conjunto integral, tão efetivo, autossuficiente e útil quanto possível. Ao considerar essas técnicas, Patañjali apresentou-as em uma perspectiva correta. Isso quer dizer que, tanto quanto possível, deu importância a uma determinada técnica do sistema de acordo com a sua efetividade e com o papel que ela desempenha para chegar ao objetivo final. Algumas das técnicas menores, que, pelos seus entusiastas e mal-informados seguidores, são consideradas representativas do *Yoga*, são mencionadas apenas em um ou dois *sūtras*, enquanto outras técnicas, de natureza mais fundamental, são profusamente abordadas.

Por isso, ao analisarmos muitos métodos para disciplinar a mente (*manasah sthiti-nibandhanī*) implícitos no *sūtra* I-32, que recomenda a "prática constante de uma verdade ou princípio" (*eka-tattvābhyāsah*), veremos que eles não são mais do que princípios de sistemas menores de *Yoga*, praticados por pequenos grupos, geralmente ligados a um mestre individual. Patañjali abordou generalizadamente esses sistemas em um simples *sūtra; por outro lado,* dedicou quase um terço do livro à técnica do *samādhi* (êxtase), a mais fundamentalmente essencial e elevada prática do verdadeiro *Yoga*, que leva à mais alta meta da autorrealização.

De modo geral, pode-se dizer que o sistema de *Yoga* apresentado nos *Yoga-Sūtras* consiste em uma integração harmoniosa dos cinco principais sistemas que prevalecem no Oriente – *Rāja-Yoga*, *Jñāna-Yoga*, *Karma-Yoga*, *Bhakti-Yoga, Hatha-Yoga*. Foram escolhidas as técnicas essenciais desses diferentes sistemas, combinando-as num todo efetivo, progressivo e sistemático, que pudesse ir ao encontro das necessidades de todos os aspirantes, em diferentes estágios de desenvolvimento. Seu valor baseia-se na abrangência e na ênfase dada aos elementos essenciais, excluindo todas as práticas não essenciais. Por isso, ele constitui o sistema mais útil e efetivo de *Yoga,* que sobreviveu às provas do tempo e da experiência.

Do *Bhakti-Yoga* foi utilizada a técnica da autoentrega, o caminho mais efetivo para promover a fusão das consciências do amante e do Amado. Do *Karma-Yoga* foi incluído o princípio de *nishkāma karma*, que capacita o aspirante a ultrapassar o plano dos desejos inferiores e quebrar os liames que o prendem aos planos inferiores da existência. Foram emprestadas do *Hatha-Yoga* as práticas de *āsana*, *prānāyāma* e *pratyāhāra*, essenciais para a eliminação das perturbações causadas na mente pelo corpo físico; essas técnicas foram adaptadas para os propósitos do *Yoga* superior. Foram utilizadas do *Jñāna-Yoga* as práticas de *viveka* (discernimento) e *vairāgya* (desapego), sobre as quais se baseiam, essencialmente, toda essa linha de *Yoga*. A necessidade e importância de *viveka* e *vairāgya* podem ser constatadas pelo fato de que, mesmo na mais elevada espécie de *samādhi* (*dharma-megha-samādhi*), abordada no *sūtra* IV-29, essas duas armas fundamentais do *Yogue* precisam ser utilizadas.

No entanto, como o sistema de Patañjali está predominante e essencialmente baseado no *Rāja-Yoga* (*Yoga* real), o *samādhi* é a sua técnica mais importante e essencial. Esse êxtase é utilizado também em outros sistemas de *Yoga*, mas é a técnica do *Rāja-Yoga* por excelência. Em nenhum outro sistema o *samādhi* é usado de forma tão sistemática, científica e deliberada para alcançar um resultado predeterminado, como a expansão da consciência de um nível de realidade para outro, até atingir as camadas mais profundas do coração, reino da própria realidade. Por isso foi dada tanta importância ao *samādhi* no sistema de Patañjali, que o aborda com tantos detalhes.

Apesar da natureza transcendental do *samādhi* e da impossibilidade de conhecê-la a não ser pela experiência direta, nas profundezas de nossas consciências, Patañjali tratou detalhadamente de seus vários aspectos e estágios, dando ao futuro *Yogue* uma perspectiva teórica bastante ampla, ainda que não seja possível praticar essa técnica até que ele tenha alcançado o necessário estágio de desenvolvimento mental e espiritual e adquirido as qualidades necessárias para entrar no reino do *Yoga* superior. O aspirante deve formar uma sólida base teórica de natureza geral a respeito do *Yoga*, e possuir uma clara visão de sua filosofia e suas técnicas para evitar a tendência de simplificar demasiadamente os problemas e se desviar do seu rumo, ou entrar num beco sem saída..

O sistema de *Yoga* estudado nos *Yoga-Sūtras* de Patañjali é chamado de *astānga,* que significa "com oito membros". A palavra *anga* quer dizer "membro", ou parte constituinte de um corpo. No presente contexto, obviamente, designa as oito subdivisões da técnica do *Yoga*. O número de subdivisões, assim como a natureza das partes constituintes, diferem nos vários sistemas de *Yoga*.

As oito subdivisões da técnica do *Yoga* estão enumeradas no Capítulo II, *sutra* 29:

Yāmā-niyamāsana-prānāyāma-pratyāhāra-dhāranā-dhyāna-samādhayo' stāv angāni (II-29)
"Autodomínio, regras estritas para autodisciplina, postura, regularização e controle da respiração, abstração, concentração, contemplação e transe são as oito subdivisões da técnica do *Yoga*".[9]

---

[9] *A Ciência do Yoga*. I. K. Taimni, pp. 166, 5 ed., 2011. Brasília-DF. (N. ed. bras.)

Vamos considerar resumidamente cada uma dessas práticas, para ter uma ideia geral da técnica do *Yoga*. Para maiores detalhes, o estudante pode consultar o comentário sobre os *sūtras* mais importantes. No entanto, uma pergunta deve ser respondida antes de prosseguirmos nas considerações sobre essas práticas: elas devem ser consideradas como estágios progressivos ou como técnicas independentes, que podem ser praticadas separadamente?

A própria natureza das práticas evidencia uma certa relação sequencial entre elas. Por exemplo, concentração (*dhāranā*), contemplação (*dhyāna*) e êxtase (*samādhi*) devem ser praticados nessa ordem, pois são três estágios progressivos do mesmo processo. De maneira semelhante, autodomínio (*Yāmā*), regras estritas para a autodisciplina (*niyāma*), postura (*āsana*), regularização e controle da respiração (*prānāyāma*) e abstração (*pratyāhāra*) também devem vir na mesma ordem, pois a prática bem-sucedida de qualquer uma dessas técnicas depende do domínio, pelo menos parcial, das técnicas que a antecedem. Não se pode, por exemplo, praticar *prānāyāma* sem antes praticar *yāmā-niyāma* e adquirir um certo grau de controle sobre as emoções e os desejos. Da mesma forma, concentração (*dhāranā*), contemplação (*dhyāna*) e êxtase (*samādhi*) não podem ser praticados sem completo controle do corpo físico e a eliminação pelo menos dos desejos comuns, que exercem grande pressão na mente.

Mas, para alguém que não tencione praticar sistematicamente o *Yoga* superior, é possível exercitar qualquer uma das técnicas independentemente, ainda que se verifique que isso é difícil. O iniciante logo compreenderá que precisa ampliar o campo de seus esforços e se dedicar às práticas correlatas. De qualquer forma, trataremos das diferentes técnicas na ordem em que são apresentadas no *sūtra* citado.

Começaremos, portanto, com *yāmā* e *niyāma*, que estabelecem as fundações para a vida *yóguica*. Eles têm por objetivo facilitar a edificação do tipo correto de caráter e produzir o estado correto da mente, e são ambos condições *sine qua non* para a prática do *Yoga*. A linha de demarcação entre *yāmā* e *niyāma* não é muito bem definida, porque ambos realmente visam transmutar a natureza inferior num instrumento puro, harmonizado, calmo e completamente controlado do Eu Superior. Eles produzem esse resultado por diferentes caminhos, mas o objetivo é o mesmo.

Os dois *sūtras* a seguir enumeram as características e os estados da mente que precisam ser desenvolvidos para prover a necessária base moral, intelectual e espiritual para o adestramento no *Yoga*. Cada um dos *sūtras* aponta cinco características ou práticas, e define o alcance de *yāmā* e *niyāma*.

Ahimsā-satyāsteya-brahmacaryāparigrahāya-māh. (II-30)
"Os votos de autodomínio chamados *yāmā* compreendem abstenção de violência, falsidade, roubo, incontinência e avidez".

Śaucha-samtosa-tapah-svādyāyeśvarapranidha-nāni niyamāh (II-32)
"Pureza, contentamento, austeridade, autoestudo e entrega a Deus constituem *niyāma* ou observâncias à autodisciplina".

Para o estudo detalhado das práticas recomendadas em *yāmā* e *niyāma*, o estudante pode consultar qualquer comentário sobre os *Yoga-sūtras*.[10] Aqui, consideraremos somente alguns pontos de interesse geral.

Embora essas práticas toquem diferentes aspectos de nossa natureza e desenvolvam diferentes características e atitudes, não se deve esquecer que a vida não pode ser dividida em compartimentos, e que todos os aspectos da nossa natureza estão intimamente interligados não podendo, realmente, ser tratados separadamente. O problema da nossa mente e do nosso caráter tem de ser abordado como um todo, ainda que possamos dar especial atenção, por certo tempo, a um determinado aspecto para remover uma determinada fraqueza ou tendência.

[10] *A Ciência do Yoga*, pp. 166-185, 5 ed., 2011. Brasília-DF. (N. ed. bras.)

Isso também quer dizer que, ao lidar com nossa natureza inferior, não devemos limitar nossos esforços às fraquezas comuns mencionadas nesses dois *sūtras*. Não devemos supor, por exemplo, que estamos livres de ceder à ira ou ao ciúme apenas porque esses sentimentos não estão especificamente mencionadas nos *sūtras* sobre *yāmā*, *niyāma*. Se fizermos isso, todas as energias que encontram expressão em certas tendências estabelecidas encontrarão novos canais e se manifestarão em uma nova safra de tendências indesejáveis que não pensávamos existir em nós.

O fato é que as duas qualidades mentais, chamadas *śaucha* e *samtosa*, ou pureza e contentamento em *niyāma*, abrangem a maior parte das restantes tendências indesejáveis restantes que não são mencionadas especificamente em *yāmā*. Se essas duas qualidades forem adquiridas em grau adequado, desenvolvercmos nossa mente e nosso caráter em todos os seus aspectos.

O segundo ponto a ser observado é que não é necessária qualquer percepção introspectiva para a erradicação das tendências indesejáveis mencionadas. São instruções para se cumprir sem discutir nem analisar motivos. Se formos tentados a dizer uma mentira, por exemplo, não devemos parar para pensar se as circunstâncias justificam uma falsidade nem investigar nossos motivos para mentir. Devemos simplesmente afastar os pensamentos hesitantes e fazer o que é correto, sem maiores questionamentos. Para isso é preciso apenas uma percepção comum das atividades e das tendências mentais. Se estivermos decididos a agir corretamente, estaremos aptos a fazê-lo sem dificuldade.

É por essa razão que, no *sūtra* II-31 Patañjali não deixou nenhuma brecha para escaparmos. Esses votos devem ser observados em todas as circunstâncias; não devemos deixar que nenhuma dúvida interfira na ação correta, no pensamento correto, ou na emoção correta. Nossa natureza inferior é uma entidade muito ardilosa; ela criará toda espécie de estratagemas para continuarmos com nossos costumes nocivos. Apresentará à mente toda espécie de justificativas para o erro, usará um manto de virtude para ocultar motivos e ações essencialmente iníquos, disfarçará ódio como amor e tentará nos enganar de inúmeras maneiras, se estivermos habituados a hesitar, debater ou fazer concessões às várias modalidades do mal.

Foi este fenômeno interno que fez surgir o mito do demônio, constantemente nos tentando e nos fazendo pecar. O remédio é claro e muito eficaz. Decida de uma vez por todas praticar sempre o que é correto, em todas as circunstâncias, não transigindo com o mal ou o erro, sejam quais forem as consequências. Permaneça firme em sua decisão e verá como as tentações para fazer o que é errado desaparecerão rapidamente de sua vida, e a prática da ação correta se tornará fácil e natural. Dúvida, hesitação e debates mentais não somente retardam a prática da ação correta, como também criam constantes conflitos internos, que perturbam a vida daqueles que, de vez em quando, se permitem transigir.

Na vida externa encontramos um fenômeno psicológico muito comum. Aqueles que fazem concessões ao mal são sempre tentados por outras pessoas a praticar erros de várias espécies, ao passo que aqueles que não cedem são deixados em paz. Um homem corrupto, que tem o hábito de aceitar suborno, sempre encontrará alguem para tentá-lo a fazer toda espécie de coisas por dinheiro, enquanto ninguém importunará um homem realmente honesto e incorruptível. Há uma lei moral fundamental que regula a vida em toda parte, No caso dos indivíduos, na maioria das vezes, suas circunstâncias externas refletem o estado interno de suas mentes e de suas atitudes.

Uma grande vantagem de praticar o que é correto automaticamente e sem hesitação é que começamos a perceber cada vez mais os aspectos sutis das nossas tendências más. Isso acontece porque a purificação gradual da mente e das emoções permite que a luz de *Buddhi* se filtre com mais facilidade através da mente e nos capacite a ver as coisas com mais clareza e discernimento. Dessa maneira, a correta percepção da nossa verdadeira natureza e do nosso real estado mental chega naturalmente e é mais eficiente, ajudando a erradicar até mesmo as mais sutis tendências para o mal, que antes nem chegávamos a notar

Considerando superficialmente as cinco qualidades enumeradas em *yāmā*, não parece que elas representam um alto código de conduta moral. Afinal, abster-se de mentir e de roubar não representa necessariamente um padrão elevado de moralidade. Mas Patañjali cita propositadamente as formas mais rudimentares de tendências más, de modo que todos possam vê-las, e, se estiverem empenhados com seriedade, tentem eliminá-las. É pela eliminação das formas mais rudimentares que nos tornamos conscientes das formas mais sutis, que podem mais tarde ser removidas. Não há outro caminho. Que essas qualidades devem ser desenvolvidas no seu mais alto grau e que devemos erradicar mesmo as formas mais sutis está claro nos dez *sūtras* citados posteriormente, que descrevem os resultados do desenvolvimento das dez virtudes no seu mais alto estado de perfeição.

Estes dez *sūtras*, que reúnem os elementos de *yāmā-niyāma*, mostram o limite ao qual se pode chegar ao desenvolvimento dessas virtudes e também as admiráveis potencialidades ocultas nessas coisas comuns. Não é necessário detalhar, aqui, essa questão tão interessante, mas um estudo cuidadoso do problema ajudará o iniciante a compreender que potencialidades estão ocultas na retidão, e o que podemos atingir pelo hábito simples, mas invariável, de agir corretamente sob qualquer circunstância, custe o que custar. Estar estabelecido na retidão ou tornar-se *dharmanista,* é uma grande realização; não somente é necessário para levar a vida *yóguica* como, em grande parte, constitui a provida vida *yóguica*, e torna a prática do *Yoga* superior extraordinariamente fácil e segura. É esta retidão que desenvolve a iluminação espiritual mencionada no *sūtra* II-28[11]. *Jñāna-dīpti*, mencionada neste *sūtra*, é outro nome para "luz no caminho".

Há outros *sūtras* sobre *yāmā* e *niyāma*, mas não é necessário falar deles aqui. Há, entretanto, um *sūtra* de grande importância prática, que deve ser considerado antes de prosseguirmos. É o *sūtra* II-33:

Vitarka-bādhane-pratipaksa-bhāvanam
"Quando a mente está perturbada por pensamentos impróprios, a ponderação constante sobre os opostos (é o remédio)".

Qualquer pessoa que queira transmutar sua natureza inferior achará a tarefa difícil. A principal dificuldade é que, apesar do idealismo e da determinação de erradicar as tendências indispensáveis, elas, evidentemente, continuam

[11] *A Ciência do Yoga.* I. K. Taimni, pp. 164, 5 ed., 2011. Brasília-DF. (N. ed. bras.)

a nos perturbar. O que fazer? Qual é o melhor método para lidar com uma tendência indesejável? O primeiro ponto a observar é que essas tendências estão enraizadas na mente, mesmo aquelas que têm expressão puramente física. Toda ação é precedida pelo pensamento consciente ou inconsciente. A palavra "inconsciente", em vez de "subconsciente", foi usada propositadamente, pois a força motora das boas ações vem das regiões superiores da mente. É óbvio, portanto, que para erradicar essas tendências, devemos começar a neutralizá-las na mente, em vez de apenas lutar para evitar sua expressão externa.

Esse *sūtra* recomenda justamente a neutralização de uma tendência indesejável em sua fonte mental. Mas o que significa a constante meditação sobre os opostos? Não se trata apenas de elaborar um pensamento da natureza oposta, mas considerar cuidadosamente um ponto de vista oposto. Quando odiamos alguém, ao invés de ver os pontos negativos, devemos procurar os pontos positivos nessa pessoa, sua visão sobre diferentes assuntos e as condições pouco favoráveis que ela pode estar enfrentando. Se estivermos inclinados a ceder a qualquer espécie de indulgência, devemos pensar no preço que teremos de pagar mais tarde, em forma de sofrimento.

Não se trata de um mera repetição mecânica de um pensamento, mas de uma análise verdadeiramente sincera e inteligente dos nossos hábitos e atitudes. Isso deve ser feito, não quando a tendência negativa está prestes a encontrar expressão, mas quando, estamos num estado mental mais calmo e podemos ponderar friamente sobre o ponto de vista oposto. No momento da expressão da tendência negativa, o único método eficiente é, como já sugerimos, pará-la sem pensar, porque é a atitude correta e nós já decidimos fazer o que é correto.

A prática seguinte da técnica do *Yoga* chama-se *āsana.* De todas as práticas associadas ao *Yoga,* aquela com a qual as pessoas estão mais familiarizadas talvez seja a *Āsana-Yoga,* ou postura corporal. Para um grande número de pessoas, o *Yoga* nada mais é que um conjunto de *āsanas,* ou outras atividades físicas associadas a elas, adotadas para melhorar a saúde. Entretanto, poucas pessoas conhecem o papel essencial que a *āsana* representa na vida do *Yogue.* Seu papel é eliminar as perturbações que o corpo físico causa à mente.

A mente e o corpo estão interligados; as atividades e os movimentos do corpo causam constantes perturbações à mente, que precisam ser eliminadas antes de *dhāranā*, *dhyāna* e *samādhi* poderem ser praticados. Para isso, o corpo é mantido imóvel numa postura por longos períodos. Como resultado, torna-se insensível a todas as variações externas do ambiente, como calor, frio, etc., chamados *dvandas* (pares de opostos). Assim, a mente fica livre das perturbações causadas por essas variações. Isso também prepara o corpo para as duas práticas seguintes: *Prānāyāma* e *Pratyāhāra*.

A técnica do *Yoga* que se segue, *prānāyāma*, também é mal compreendida, especialmente no Ocidente, onde é confundida com exercícios de respiração, cuja finalidade é melhorar a saúde do corpo. *Prānāyāma*, se praticado corretamente, aumenta a saúde devido à grande inspiração de oxigênio, em algumas de suas formas, e também devido ao seu efeito benéfico sobre o sistema nervoso. Mas este não é o propósito do verdadeiro *Yoga*. Seu propósito real é adquirir controle completo e consciente sobre as correntes *prânicas* no duplo etérico, e, assim dirigi-las para onde for necessário. Isso pode ser feito somente através de *kumbhaka*, ou interrupção completa, em gradação lenta, da respiração. Quando dominadas, as correntes *prânicas* podem ser usadas para despertar *kundalini* e estabelecer a conexão da conciência do plano físico com a dos corpos astral e mental. Aqui reside o perigo de *prānāyāma;* essa prática não deve ser realizada sem um instrutor competente e uma preparação prévia e apropriada.

Outra utilidade do *Prānāyāma* é o preparo da mente para a prática da concentração. É pouco conhecido o fato de que *prāna* é o elo entre um veículo e a mente funcionando através desse veículo. É por meio de *prāna* que a mente opera num veículo e o veículo pode afetar a mente. Portanto, se pudermos controlar *Prāna*, eliminaremos toda espécie de distúrbios que o veículo produz na mente.

Constatamos, portanto, que os desejos e as tendências ocultas na mente subconsciente não são a única fonte de perturbação da mente. As irregularidades no movimento de *Prāna* no duplo etérico também causam distúrbios. Os primeiros são eliminados por *yāmā* e *niyāma*; os últimos, por *Prānāyāma*. Agora podemos perceber mais claramente por que os esforços do iniciante para concentrar a mente durante a meditação diária geralmente não têm sucesso. A ciência do *Yoga* trata do problema de maneira científica, removendo primeiro todas as fontes de perturbação, antes de começar a prática de *dhāranā*, *dhyāna* e *samādhi*. Para as finalidades do *Yoga* o grau de concentração exigido pelo trabalho intelectual não é suficiente. A intensidade da concentração tem que aumentar progressivamente até passar ao estágio seguinte (a contemplação) e chegar ao último estágio (êxtase ou *samādhi)*. Para isso, todas as fontes de perturbação, exceto as que têm sua origem na própria mente, devem ser eliminadas de maneira sistemática.

Chegamos agora a *pratyāhāra*, o quinto constituinte da técnica do *Yoga*, descrito no *sūtra* II-54.

Sva-visayāsamprayoge citta-svarūpānukāra ivendriyānām pratyāhārah
"*Pratyāhāra,* ou abstração, é, por assim dizer, como se os sentidos imitassem a mente, retirando-se dos seus objetos".

O significado de *pratyāhāra* é pouco compreendido; interpretações as mais variadas têm sido sugeridas. Seu verdadeiro significado deve ser entendido como a prática para cortar por completo as conexões da mente com o mundo externo, através dos cinco órgãos dos sentidos (os *jñānendriyas,* como são chamados em sânscrito). Todos sabemos como nós tomamos conhecimento do mundo por meio desses órgãos sensoriais. As vibrações os atingem e produzem respostas, que são levadas pelos nervos a determinados centros do cérebro. Ali, num processo misterioso, os impulsos nervosos são convertidos em sensações.

A ciência ainda não passou deste ponto, mas, de acordo com as pesquisas ocultas, *prāna* e certos centros no duplo etérico e no corpo astral fazem parte desse processo. Não é necessário entrar em detalhes aqui. O que temos de notar é a conjunção da mente com os centros cerebrais ou veículos mais sutis, que leva à formação das imagens sensoriais na mente. Uma corrente contínua de imagens sensoriais se derrama na mente enquanto ela está em contato com o mundo externo, através dos órgãos dos sentidos. É verdade que a mente não toma conhecimento de todas as vibrações que atingem esses órgãos. Vibrações sonoras de toda espécie atingem constantemente o ouvido, mas não notamos todas. Sabe-se que quanto mais a mente se concentra numa atividade, menos percebe essas vibrações. Mas esse isolamento em relação ao mundo externo por meio da concentração é parcial e involuntário; a mente sempre pode ser perturbada por um estímulo sensorial suficientemente forte.

O objetivo de *pratyāhāra* é isolar a mente do mundo exterior, de maneira que, sempre que o *Yogue* quiser penetrar no interior de sua mente e se concentrar em um objeto ou problema, possa se isolar voluntariamente do mundo externo, fechando completamente, por assim dizer, as portas dos órgãos sensoriais. Ele pode, então, se concentrar no problema, sem qualquer tipo de distração ou perturbação trazida pelos órgãos dos sentidos. Os órgãos estão ali, mas os sentidos que operam por meio deles se retiraram para o interior da mente.

Devemos lembrar que os sentidos são parte da mente; são semelhantes a tentáculos que a mente estende para o mundo externo, a fim de captar material para seu desenvolvimento. A mente, lenta e laboriosamente, criou e aperfeiçoou os sentidos como instrumentos de trabalho. Em *pratyāhāra,* a mente recolhe os sentidos para o interior, quando deseja se empenhar em *dhāranā*, *dhyāna* e *samādhi.*

Quanto ao *modus operandi* de *pratyāhāra,* ele depende do grau de concentração da mente, como se poderá verificar. Se esta estiver suficientemente concentrada, pode se isolar do mundo externo automaticamente. Mas, em estágios avançados do *Yoga*, onde é necessário um altíssimo grau de concentração por períodos prolongados, tira-se vantagem do fato de que os órgãos sensoriais funcionam com a intermediação de *prāna.* Com a manipulação das correntes *prânicas* é possível interromper o funcionamento dos órgãos dos sentidos, exatamente como, com a manipulação da corrente elétrica, é possível parar o funcionamento de um aparelho de rádio ou televisão. É por isso que a prática de *prānāyāma*, que oferece controle consciente sobre as correntes *prânicas* no duplo etérico, precede a prática de *pratyāhāra.*

Depois de compreender a importância desse *sūtra,* um tanto enigmático, podemos passar aos três últimos constituintes da técnica do *Yoga* chamada *antaranga* (interna), para distingui-los dos cincos constituintes da técnica chamada *bahiranga* (*Yoga* externo). *Dhāranā*, *dhyāna* e *samādhi*, processos puramente mentais, são as técnicas verdadeiras e essenciais do *Yoga*, enquanto que as cinco práticas anteriores, já estudadas, são subsidiárias. Elas apenas asseguram a presença das condições necessárias para a prática de *dhāranā*, *dhyāna* e *samādhi.*

A impressão de que a prática de *samādhi* é uma realização extremamente difícil, ou quase impossível, é baseada numa concepção errônea. Tentamos concentrar nossas mentes com todos os obstáculos e condições desfavoráveis normalmente presentes e falhamos na obtenção de um grau razoável de concentração na meditação. Daí concluirmos, naturalmente, que atingir um alto grau de concentração em *samādhi* deve ser uma tarefa quase impossível, se tentarmos sem qualquer preparação prévia. Da mesma forma, será impossível para um estudante da escola elementar resolver problemas de cálculo integral e diferencial. Mas, se as bases tiverem sido correta e sistematicamente estabelecidas, e se ele prosseguir passo a passo, não encontrará dificuldades insuperáveis na solução desses problemas, quando atingir os estágios avançados.

A prática do *dhāranā*, *dhyāna* e *samādhi* torna-se igualmente fácil após a necessária preparação, quando tiverem sido satisfeitas as condições requeridas para sua prática. A mente é essencialmente fácil de controlar e de manipular, quando está livre dos bloqueios e pressões que impedem seus movimentos naturais. O propósito de *bahiranga*, ou *Yoga* externo, é realizar isso cientificamente. *Yāmā-niyāma* eliminam as perturbações provenientes das emoções e desejos, *Āsana* elimina as perturbações causadas pelo corpo físico denso; *prānāyāma* remove as perturbações que têm origem no *prānamaya-kosha,* ou duplo etérico; e *pratyāhāra* desliga as atividades dos órgãos dos sentidos.

Depois disso só resta à mente ser disciplinada, porque ela já foi liberada dos estorvos acima mencionados. O *Yogue* pode, portanto, praticar *dhāranā*, *dhyāna* e *samādhi* sem qualquer dificuldade extraordinária, e atingir, por meio da inibição das modificações da mente, as realizações mencionadas nos capítulos anteriores. Na ciência do *Yoga,* como em outros campos da ciência, os resultados mais difíceis ficam fáceis de serem atingidos quando aplicamos as técnicas apropriadas.

Já foi assinalado que *dhāranā*, *dhyāna* e *samādhi* são três passos progressivos do mesmo processo contínuo, e diferem entre si somente no grau de concentração e na presença de certas condições que distinguem um estágio de concentração do outro. Todos esse assuntos foram estudados detalhadamente no comentário sobre os *Yoga-Sūtras,* e não é necessário tratar deles aqui. Mas há alguns fatos de natureza geral que podem ser realçados, a fim de esclarecer certas concepções errôneas comuns e tornar possível ao estudante compreender mais facilmente o comentário.

O primeiro ponto que deveria ser observado é que, para a concentração da mente no tríplice processo de *dhāranā*, *dhyāna* e *samādhi*, não é necessário que um determinado objeto seja tangível. A palavra "objeto" (ou *visaya*, na terminologia do *Yoga)* pode significar qualquer coisa: princípio, lei, fenômeno ou fato da existência, cuja realidade deve ser conhecida pelo processo descrito como "conhecer por torna-se", que já foi abordado no capítulo anterior. O tríplice processo contínuo de concentração que culmina em *samādhi* é chamado *samyama*; no terceiro capítulo dos *Yoga-Sūtras*[12] existem numerosos exemplos de objetos sobre os quais *samyama* pode ser aplicado. Um estudo desse capítulo mostra como são variados os objetos que podem ser tomados para essa finalidade.

O resultado da aplicação de *Samyama* é, naturalmente, o conhecimento da realidade. Como cada fração do verdadeiro conhecimento é associada ao poder correspondente, *samyama* aplicado a um objeto leva ao desenvolvimento de um poder específico associado com esse conhecimento. Esses poderes são chamados *siddhis* (realizações, na terminologia do *Yoga)*, algumas vezes também denominados poderes psíquicos. As faculdades mais elevadas, desenvolvidas pelo processo do *Yoga* Superior, são realmente espirituais em sua natureza, e há uma enorme diferença entre elas e os poderes psíquicos que conhecemos.

Alguns desses poderes psíquicos inferiores podem também ser desenvolvidos por meio de outros métodos, como o uso de certas ervas, *mantras,* etc., citados no *sūtra* IV-1[13]. Não é necessário recorrer a *samādhi* para adquiri-los. Mas

---

[12] *A Ciência do Yoga.* I. K. Taimni, pp. 225-229, 5 ed., 2011. Brasília-DF. (N. ed. bras.)

[13] *A Ciência do Yoga.* I. K. Taimni, pp. 289, 5 ed., 2011. Brasília-DF. (N. ed. bras.)

todos os poderes superiores do *Yoga* somente podem ser desenvolvidos por meio de *samādhi*; eles são resultado da evolução da individualidade e do desenvolvimento de estados mais elevados da consciência. Esses poderes estão sob o comando do indivíduo, pois foram obtidos em virtude do desenvolvimento de sua natureza espiritual.

O desenvolvimento de uma grande variedade desses poderes especiais, ou *siddhis*, não chega a ser surpreendente. Mesmo no plano da mente inferior, sabemos que qualquer espécie de conhecimento, por mais trivial que seja, confere certo poder ao indivíduo. O conhecimento de qualquer ofício, por exemplo, dá ao indivíduo a capacidade de ganhar dinheiro e conquistar conforto para si mesmo. O conhecimento de que os cientistas desenvolveram sobre a energia atômica abriu a possibilidade de elevar o padrão de vida da humanidade, ou de destruí-la. Portanto, não deveria ser tão surpreendente que o conhecimento transcendental, obtido pelo *Yogue* como resultado do desenvolvimento dos estados mais elevados da consciência, acarretasse poderes da natureza incomum. Não nos espanta que uma bomba de hidrogênio possa destruir uma cidade, mas sim que um *Yogue* possa passar através de um muro ou ler as mentes de outras pessoas...

CAPÍTULO 5

Alguns aspectos interessantes da meditação[14]

A palavra "meditação" compreende uma grande variedade de exercícios mentais praticados por pessoas que têm um ideal espiritual em suas vidas, e querem realizar esse ideal em algum grau. Como a atividade mental e a disciplina envolvidas na meditação englobam um vasto campo, é difícil tratar desse assunto de maneira sistemática e abrangente. Espera-se que o leitor esteja familiarizado com os aspectos gerais da meditação. Nós nos restringiremos à discussão de alguns aspectos interessantes, que geralmente não são compreendidos, mas possuem vital importância para aqueles que são sinceros em relação aos problemas da vida interior e não querem fazer da meditação uma mera rotina.

[14] Artigo publicado no *The American Theosophist*, vol. 58, n° 11, novembro de 1970. Mais recentemente, foi também publicado no livro *Approaches to Meditation,* de Virgínia Hanson. (N. ed. bras.)

Também não é fácil definir o propósito da meditação, pois isso depende da bagagem mental, do temperamento e da evolução espiritual do indivíduo. Mas, em termos bastante gerais, pode-se dizer que seu propósito é efetuar o contato consciente da personalidade inferior com o Eu superior, tornando a personalidade cada vez mais ciente de sua origem, destino e natureza divinos.

Todas as pessoas que meditam regularmente, tendo uma disciplina espiritual sistemática, devem acreditar que, por trás do mundo físico esconde-se um mundo espiritual real, de inimaginável esplendor, e que é possível entrar em contato com esse mundo de maneira crescente, por meio da meditação. Se assim não fosse, não haveria razão alguma para se dedicar a esse tipo de atividade mental.

O mundo da realidade está escondido na mente de cada ser humano e pode ser conhecido cada vez mais por meio da penetração progressiva nos níveis mais profundos da mente. Por isso é necessário, em toda verdadeira disciplina espiritual, não apenas lidar com a mente de vários modos, mas também ir aos seus mais profundos níveis, através da meditação.

O conhecimento comum pode ser adquirido por meio da atividade mental que se restringe ao que chamamos de "superfície das coisas", à observação dos fenômenos, à coleta de dados sensoriais e ao trabalho sobre esses dados, através de comparações, do raciocínio, etc. Mas o conhecimento concernente aos mundos invisíveis e sutis de natureza mental, ocultos no interior do mundo físico, não pode ser adquirido dessa maneira. É necessário ir aos mais profundos níveis da mente e da consciência, através de técnicas bem definidas, que são parte da disciplina do *Yoga*.

A diferença entre esses dois tipos de atividade mental pode ser explicada usando uma comparação simples. Um indivíduo que tenha aprendido a nadar na superfície pode explorar a superfície da água. Toda a superfície dos oceanos estará disponível para observação e investigação. Mas muitos mundos se escondem sob a superfície em várias profundidades e localizações. Ele só pode entrar em contato com esses mundos quando aprender a mergulhar, a investigar sob a superfície, nos níveis mais profundos da água. O processo de mergulhar é diferente do nadar usual sobre a superfície; envolve problemas e técnicas diferentes. Assim é a diferença entre a atividade mental comum e a meditação.

O modo usual de pensar, mesmo que seja profundo e resoluto, envolve movimentos apenas na superfície da mente. Em um processo de raciocínio rigoroso, que talvez represente a mais difícil forma desse tipo de atividade mental, a mente se move de modo disciplinado, mas o movimento ainda é por assim dizer, superficial. Não é um movimento em crescente profundidade. A mente pode estar concentrada em uma prolongada atividade, mas, enquanto ela se move dessa maneira, pode compreender e lidar apenas com o que diz respeito à vida exterior. Todas as realizações no reino mental, mesmo as de natureza excepcional, são possíveis por meio desse tipo de atividade; no entanto, os mais sutis e reais mundos escondidos nos mais profundos níveis da mente não podem ser explorados e conhecidos desse modo. Para isso é preciso um tipo diferente de atividade mental, ao qual podemos nos referir como um movimento em profundidade. Nesse tipo de atividade a mente também se move, mas o indivíduo tenta, ao mesmo tempo, penetrar progressivamente em seus níveis mais profundos. Isso será plenamente compreendido estudando-se os *Yoga-Sūtras* de Patañjali.

Essa ideia acima nos dá uma pista para o segredo da meditação bem-sucedida, e nos mostra por que, para a maioria das pessoas, a meditação não atinge seu real objetivo, isto é, o contato progressivo com os mais profundos níveis da mente, devido a um crescente poder de penetração da percepção. O movimento da mente em profundidade, necessário para uma meditação bem-sucedida, requer, naturalmente, não apenas um tipo diferente de movimento, mas também mais *esforço*.

A maioria de nós, que tem aprendido a usar a mentes eficientemente, não reconhece que o exercício mental, em um tipo particular de atividade, torna o esforço praticamente dispensável após algum tempo; na verdade, não podemos nos tornar realmente eficientes até que isso aconteça. O orador experiente é capaz de falar fluentemente, uma vez tenha dominado a técnica de escolher e ordenar suas ideias e expressá-las sem interrupção. As ideias já estão em sua mente, triviais ou profundas, talvez já expressas centenas de vezes; é apenas uma questão de escolhê-las e expressá-las. O escritor experiente redige páginas e páginas de comentários sem esforço. Ele tem apenas que selecionar suas ideias em uma grande quantidade de matéria impressas e expressá-las de forma atrativa. Uma vez dominada a técnica de ordenar ideias e expressá-las, o resto é fácil.

Isto, como se verá, não é diferente de aprender a nadar. Uma vez que a pessoa tenha adquirido a simples habilidade de se manter flutuando na água, nadar torna-se meramente uma questão de resistência física e movimentos adequados do corpo. Nenhum esforço particular, no sentido real, é necessário para continuar nadando.

A maior parte das nossas atividades mentais é dessa natureza. A mente se move em caminhos rotineiros ou é exercitada praticamente sem esforço, fazendo coisas cuja técnica já foi dominada num grau adequado. Ela não tem que ser mantida concentrada ou ser empurrada em uma certa direção pelo esforço da vontade ou pela atração de um objetivo a ser realizado. Ela não é, portanto, utilizada para um esforço mental continuado, dirigido por um objetivo definido e motivado por uma pressão contínua da vontade ou da atração — exatamente o que é necessário para uma meditação bem-sucedida.

Portanto, meramente sentar numa certa posição e fazer a mente criar séries de ideias conectadas sobre um assunto escolhido não é a meditação real, embora seja tudo o que a maioria das pessoas faz. Esse tipo de atividade mental é, na realidade, como escrever um ensaio sem caneta nem papel, ou fazer uma conferência sem falar. Também não se pode considerar como meditação, no seu verdadeiro sentido, a prática comum de deixar a mente se mover por caminhos costumeiros e muito trilhados, criados pela repetição de textos religiosos, embora seja isso o que a maioria das pessoas religiosas faz quando "medita" durante sua prática diária.

Nós tendemos a moldar todo tipo de atividade em uma rotina, de forma que a mente não tenha que fazer muito esforço nem escolher entre cursos alternativos de ação ou ideias. Isso explica a grande popularidade dos rituais na religião. A ideia é ter pelo menos uma forma de vida religiosa, se não se tem a substância. Porém, qualquer um pode perceber que, sob essas condições, a estagnação é inevitável. O maior obstáculo no caminho do desenvolvimento espiritual talvez seja o falso senso de realização e segurança engendrado pela rotina.

Por que não é possível produzir o estado mental adequado quando nos sentamos para meditar? Principalmente porque nosso interesse em coisas sobre as quais queremos meditar não é adequadamente intenso e profundo. Nós imaginamos que queremos encontrar a realidade que acreditamos estar escondida no interior das mais profundas camadas da mente e da nossa consciência. Mas isso é um mero pensamento vago. Não há um desejo intenso e profundo de resolver os problemas da vida interior e desvendar os mistérios da existência.

Para se ter uma ideia qualitativa desse tipo particular de estado mental, nós temos que nos lembrar da tremenda intensidade de propósito e concentração que caracterizava a mente de um cientista como Edison, quando ele estava trabalhando em uma invenção científica. Sua mente ficava tão profundamente absorvida na busca de um objetivo que ele esquecia até mesmo de se alimentar e de dormir. Esse é o tipo de estado mental que é necessário para uma meditação real. Quando ele está presente, os resultados aparecem rapidamente como apontado nos *Yoga-Sūtras* (I-21).[15]

Essa condição não está presente porque nós não preenchemos certos requerimentos básicos para trilhar o cami-

[15] I-21: "Ele (o *Samādhi*) está mais próximo para aqueles cujo desejo (pelo *Samādhi*) é intensamente forte".

nho do desenvolvimento espiritual por meio da meditação. Nós não estamos realmente conscientes das enormes ilusões e limitações sob as quais estamos vivendo nossa vida, e, portanto, não há um anseio real de superar essa condição. A atração das coisas que formam o viver comum é muito poderosa, cria uma constante e irresistível força que distrai a mente. Ela não foi treinada adequadamente para realizar tarefas significativas, às quais nós mesmos nos propusemos. O ideal não nos atrai com força suficiente. Em suma, não possuímos as qualificações essenciais.

É para propiciar as condições adequadas para a prática bem-sucedida da meditação que todos os verdadeiros sistemas de cultura espiritual insistem nos treinamentos preliminares da mente e do caráter. No famoso *Sādhana-Chatushthaya*, o sistema quádruplo de autocultura, é necessário primeiramente adquirir as quatro qualificações básicas para trilhar o caminho. Elas são chamadas, em sânscrito: *viveka*, *vairāgya*, *shattsampatti* e *mummukshattva*. É apenas em um estágio avançado do desenvolvimento que a prática da meditação intensiva é utilizada para abrir os canais entre o inferior e o superior e estabelecer o centro da consciência nos planos espirituais da manifestação.

Ao trilhar o caminho do *Rāja-Yoga* delineado nos *Yoga-Sūtras*, o aspirante tem primeiro que praticar *bahiranga,* ou *Yoga* externo, para se preparar para a prática da meditação com seus três estágios: *dhāranā*, *dhyāna* e *samādhi*. Não se espera que ele inicie sequer a prática de *dhāranā* até que tenha dominado a quarta técnica de *prānāyāma*, como deixa claro o *Sūtra* II-53[16].

Em todo sistema de *Yoga* espera-se que o candidato possua as qualificações básicas para a prática do *Yoga*, mesmo quando isso não é especificamente mencionado. Se não as possui num grau adequado, ele é primeiramente encaminhado para um treinamento rigoroso com esse propósito. É apenas em pseudossistemas de *Yoga* que os assim chamados "gurus" aceitam alunos e os iniciam nos mistérios da "meditação transcendental", ou *samādhi*, sem nem mesmo perguntar se eles possuem as qualificações necessárias ou capacidade para esse propósito. Tal procedimento poderia afetar seriamente sua clientela.

Aqueles que não são capazes de meditar com sucesso deveriam fazer uma introspecção e um pequeno exame interior. Será, então, possível perceber que a causa fundamental desse fracasso é provavelmente ausência de um propósito sério e uma busca genuína. Nós começamos a prática da meditação antes de realmente querermos aquilo que é o objeto da meditação: ou seja, nós nos antecipamos antes de estarmos preparados. Temos que ter problemas reais

[16] "(Como resultado da quarta técnica de *pranayama* surge) a aptidão da mente para a concentração (*dhāranā*)".

antes de buscarmos soluções para eles. O objetivo da meditação é resolver os problemas da vida interior penetrando nas profundas camadas da mente e da consciência, – o único lugar onde a solução para esses problemas pode ser encontrada. Se esse tipo de problema não existe para nós, não faz sentido sentar para meditar, dia após dia. A meditação não é um fim em si mesma, é meramente um meio para um fim.

Isso lembra a mentalidade de muitos estudantes que vão às universidades para pesquisar. Eles querem fazer pesquisas, mas, se questionados sobre que problemas querem resolver, não têm resposta. É preciso lhes dar um problema para trabalhar. Na vida acadêmica é possível primeiro fazer pesquisa e depois procurar o problema, porque o objeto desses estudantes não é realmente a pesquisa, mas um treinamento que os habilitará a empreender, posteriormente, as verdadeiras investigações. Porém, para um aspirante que tem de penetrar nos desconhecidos reinos da mente com seus próprios esforços, isso é obviamente impossível. No seu caso não haverá incentivo, e, em consequência, nenhuma pressão para a mente deixar o reino do conhecido e se dirigir ao interior de si mesma, descobrindo o que está escondido nas mais profundas camadas da consciência.

É apenas quando os problemas são reais e resultam de nossa própria introspecção e experiência, e não problemas que criamos artificialmente ou assumimos dos outros, que a faculdade intuitiva começa a funcionar na meditação e o conhecimento espiritual que lança luz sobre esses problemas começa a brotar naturalmente do interior.

Não podemos esquecer que, ao usar a mente na verdadeira meditação, estamos tentando lidar com as realidades da vida. Por isso deveriam estar presentes não apenas problemas reais, mas também um desejo verdadeiro de resolver esses problemas. A intuição só pode funcionar nessa atmosfera mental de veracidade; se a sinceridade e a seriedade não estão presentes, os próprios requerimentos básicos para alcançar o conhecimento intuitivo oriundo do interior estão ausentes, e a meditação está fadada a ser estéril e frustrante.

Quando os problemas da vida interior se tornam reais, eles permeiam toda a nossa vida, além disso, sua solução torna-se uma questão urgente. Mesmo quando a mente inferior está engajada em atividades externas, a mente superior está por trás, constantemente refletindo sobre esses problemas e procurando a solução para eles. Essa constante reflexão sobre um problema é chamada *bhāvanā*, em sânscrito, e é uma parte integrante da verdadeira meditação, que põe a faculdade da intuição em ação. O efeito dessa constante reflexão é ampliado por *Japa*, na qual a potência presente no "som" é utilizada para reforçar o efeito do pensamento. O estudante poderá compreender, à luz do que foi dito anteriormente, a importância do aforismo I-28 dos *Yoga-Sūtras*.[17]

[17] "Por meio da constante repetição (do *OM*) e meditação sobre o seu significado (resultam o desaparecimento dos obstáculos e a interiorização da consciência)".

É preciso observar cuidadosamente que todo conhecimento relativo às realidades espirituais da vida não é obtido através da faculdade intelectiva ou da razão, mas através da pouco conhecida e muito suspeita faculdade espiritual da intuição. A verdadeira intuição não é a capacidade misteriosa e não confiável para adivinhar a verdade, como, de modo geral, supõem as pessoas com postura essencialmente materialista. Ela é a faculdade da percepção direta da verdade, que ocorre quando a consciência do buscador, de algum modo, sintonizou-se com a Consciência Divina. Nessa Consciência, todas as realidades da existência estão presentes externamente em suas verdadeiras formas.

No exercício da intuição comum, nos primeiros estágios, a consciência do buscador salta, por assim dizer, sobre as barreiras do intelecto e pode conhecer qualquer realidade, pelo menos parcialmente, através da percepção direta. Em *samādhi*, o mesmo resultado é produzido de uma forma controlada e científica, e a percepção é, por isso, plena e livre de defeitos. A própria natureza dos fatos espirituais da existência é tal que eles não podem ser conhecidos por qualquer outro método. Aqueles que procuram os segredos derradeiros do universo por meio de telescópio, e os segredos últimos da vida humana por meio de microscópios, provavelmente nunca serão bem-sucedidos, pela própria natureza das coisas.

Sendo a intuição a faculdade da percepção direta, sem a ajuda de instrumentos intermediários, ela está livre da inevitável influência deturpadora e dos erros introduzidos pelos veículos da consciência. Todas as imperfeições que possam estar presentes em seu exercício devem-se ao meio imperfeito que é a mente, através da qual ela é exercida e por meio da qual o conhecimento é interpretado. Se a mente é pura e harmonizada, a carência de seu desenvolvimento não tem importância, exceto quando os resultados dessa percepção têm que ser interpretados e formulados em termos intelectuais para serem comunicados aos outros. Muitos santos, altamente desenvolvidos espiritualmente, eram iletrados. A falta de um intelecto treinado impediu-os de interpretar e comunicar satisfatoriamente as verdades da vida interior aos outros, mas não afetou a sua percepção dessas verdades.

A eficácia da faculdade da intuição depende do seu poder de penetração. Quanto mais penetrante é sua percepção, chamada *viveka-khyāti* nos *Yoga-Sūtras*, mais profundas as realidades que ela pode perceber e mais abrangente a sua visão. O ponto culminante de seu poder de penetração é alcançado quando ela é capaz de passar por todas as complexidades e desconcertantes variedades da existência manifestada e *reconhecer* todas as coisas como derivadas da Realidade Única e nela existindo. O desenvolvimento da intuição é, portanto, não uma questão de juntar ou construir algo, mas de afiar o poder da percepção, de maneira que ela possa abrir caminho através da selva de ilusões e obstruções que obscurecem nossa visão espiritual. Essa é a razão por que a purificação, a renúncia e a harmonização desempenham um papel mais importante no caminho da santidade do que a aquisição de conhecimento.

Como a intuição é uma parte tão importante da meditação, vale a pena nos determos na maneira como o conhecimento intuitivo aparece na consciência nos primeiros estágios. A percepção direta das realidades da vida espiritual, no sentido mais pleno, acontece somente em *samādhi*, mas o aspirante não precisa esperar por esse estágio avançado de treinamento no *Yoga* para ter alguma experiência qualitativa do conhecimento intuitivo. É possível ter experiências precisas desse tipo de conhecimento desde que as condições para o funcionamento da faculdade estejam presentes, pelo menos em algum grau. Na verdade, não é apenas possível, mas necessário, ter esse tipo de experiência, porque isso mostra que o canal entre a natureza espiritual e intelectual começou a se abrir, e que o verdadeiro propósito da meditação está sendo cumprido, pelo menos parcialmente.

Existe algo extraordinariamente encorajador em se ter, ainda que ocasionalmente, experiências dessa natureza, porque elas nos asseguram que há em nosso interior uma inesgotável fonte de conhecimento espiritual, e que é possível caminhar em sua direção por meio de uma sintonização progressiva com ela. Nós, naturalmente, acreditamos em tudo isso como uma possibilidade teórica, mas é algo completamente diferente perceber que a crença está ancorada na realidade e que é possível colocá-la em prática. Com essa certeza definitiva, nós nos voltamos cada vez mais para o interior para tudo o que precisamos para nosso progresso espiritual; assim são lançadas as fundações da verdadeira vida oculta – centrada em nossa divindade.

Para compreender como a faculdade da intuição atua nos primeiros estágios do desenvolvimento espiritual é preciso ter uma ideia sobre a diferença entre o conhecimento espiritual como ele existe nos planos do Espírito e como ele se apresenta na mente inferior. Nos planos mais elevados, ele não está tolhido pela mente inferior e existe em sua forma verdadeira, ou *svarupa*. Nos planos mais baixos, está envolto na mente inferior e pode existir apenas em forma de conceitos e ideias, ou *rupa*. Por isso, quando o conhecimento espiritual desce para o reino da mente inferior, tem que assumir um conceito ou conjunto de ideias como um corpo, exatamente como *Ātmā* , ou o Espírito, tem que assumir um corpo quando precisa atuar no plano físico.

Sob essas condições, o verdadeiro conhecimento espiritual atua como a alma do conceito intelectual presente na mente inferior. Mas há uma enorme diferença entre esse conceito preenchido e irradiado pelo conhecimento espiritual e o conceito formado pela mente como resultado de um mero estudo intelectual, vazio de qualquer percepção espiritual. O primeiro é vivo, dinâmico e de grande significado para o aspirante. O último é uma mera coleção de ideias, separado da vida e incapaz de propiciar qualquer inspiração ou satisfação ao indivíduo.

As considerações anteriores explicam a maneira pela qual o conhecimento de natureza espiritual geralmente emerge do interior como resultado da atuação da faculdade intuitiva. Ele parece vir de lugar nenhum, sem aviso, e seu primeiro impacto na mente parece ser um mero vazio, sem forma ou substância. Mas, muito rapidamente, parece cristalizar-se em um arranjo de ideias, as quais lhes dão uma forma mental e servem para corporificar o seu significado.

Essa forma de expressão na mente inferior faz lembrar um foguete de fogos de artifícios, que adentra o céu como se viesse de lugar nenhum, explodindo em uma cascata de fagulhas coloridas, brilhando esplendorosamente contra a escuridão. Em um momento ele é apenas um risco de luz no céu, anunciando um extraordinário espetáculo de luz e cor, e no outro se transforma numa exibição de estrelas cintilantes, revelando o esplendor que estava oculto em seu interior.

É uma característica do conhecimento intuitivo, que se expressa dessa maneira, ser imediatamente apanhado em um receptáculo mental, no momento em que se insinua na mente pela primeira vez. Tudo o que é necessário para isso é dirigir a mente para o conhecimento intuitivo com atenção plena. Ele, então, grava e dá forma a si mesmo naturalmente, de maneira rápida e sem esforço algum. Essa expressão lúcida e sem esforço revela sua origem intuitiva e é uma parte inerente à sua natureza. Mas a expressão precisa de uma mente alerta e receptiva, que esteja pronta e seja competente para dar ao conhecimento intuitivo uma forma adequada, e que se mantenha fora de cena naquele momento. O poeta deve convertê-la de imediato em um belo poema; o músico, em uma melodia; o matemático, em um teorema; o filósofo, em um conceito; o artista plástico, em uma forma concreta. Qualquer atraso ou falta de atenção significa, quase com certeza, que o visitante celeste irá partir, e talvez fazer suas visitas com menos frequência.

Esse modo de influxo é apenas um dos caminhos que o conhecimento intuitivo pode percorrer no interior da mente do aspirante. Os caminhos do Espírito são misteriosos e imprevisíveis, não seguem um percurso preestabelecido, e nem todas as comunicações estão associadas ao mesmo grau de intensidade ou iluminação. Mas todas as vezes que o conhecimento desce dos reinos elevados, a marca característica do Espírito está lá, e o receptor sempre pode reconhecê-la. Não é possível haver confusão quando o Espírito se comunica, mas apenas iluminação, embora em diferentes graus, dependendo da capacidade do receptor.

O conhecimento que aparece sob essa forma não deve ser confundido com experiências de natureza psíquica, que tomam a forma de visões e sons de vários tipos e têm sua origem na natureza psíquica do homem. Embora geralmente espetaculares, elas carecem da confiabilidade e da certeza associadas a todas as manifestações do Espírito. O fato de elas frequentemente resultarem em excitação e ideias vangloriosas sobre nosso progresso espiritual é suficiente para mostrar sua origem inferior. Todas as expressões do Espírito são associadas em uma indescritível imperturbabilidade e impessoalidade, e, embora haja um influxo de paz e poder, não há nenhum tipo de excitação.

CAPÍTULO 6

Alguns equívocos sobre o *Yoga*

Existem alguns equívocos correntes sobre o *Yoga,* e geralmente oriundos da exagerada simplificação empregada na solução de seus problemas. Quando a mente humana, ao abordar qualquer assunto, não dispõe de suficiente conhecimento, e quando a faculdade de discernimento não está suficientemente desenvolvida, a mente tende a encarar com demasiada simplicidade os problemas relacionados a este assunto. Por isso é necessário obter uma base teórica de conhecimento, antes de entrar no campo prático. Sem esse conhecimento, veremos todos os problemas que lhe dizem respeito fora de sua perspectiva correta, e ficamos sujeitos a entrar em atalhos sem saída, a adotar métodos errados, a exercer atividades não essenciais, enfim, a perder tempo e a incorrer em sérios riscos.

Veremos alguns exemplos dessas supersimplificações no campo do *Yoga*, com o objetivo de evitar equívocos sobre essa ciência sagrada, cuja má interpretação tem feito com que outras pessoas adotem métodos que, por sua própria natureza, não produzem os resultados almejados.

Desde meados do século XX surgiu, no Ocidente, um grande interesse pelo *Yoga*. Consequentemente foram escritos muitos livros, e muitas pessoas, em particular os indianos, apresentaram-se como *Yogues* e mestres da ciência. É tudo uma questão de oferta e procura. Sempre que existir procura de algo, haverá quem ofereça tal artigo, tanto genuíno quanto falso. Nos últimos tempos foram publicados muitos livros sobre vários aspectos do *Yoga*. Seu conteúdo já dá uma ideia da espécie de conhecimento que tem sido transmitido generalizadamente no Ocidente, por pessoas que desconhecem o que seja o verdadeiro *Yoga*, ou se aproveitam desse nome para explorar o público. Não que certas espécies de práticas, como *āsanas* (posturas) e exercícios respiratórios, não ajudem as pessoas a levar uma vida mais equilibrada e sadia. Além de as práticas não serem o *Yoga,* de fato, elas ainda vulgarizam os ideais e as realidades da verdadeira vida do *Yoga*. As *āsanas* e os *prāṇāyāmas* são partes do *Rāja-Yoga*, porém são usados meramente para abrir o caminho, a fim de fixar a mente onde o *Yoga* realmente começa.

Outra simplificação exagerada é aquela que compara o *Yoga* com a técnica da psicanálise. Isso é muito comum, alguns autores chegaram ao extremo de afirmar que a técnica do *Yoga* praticamente se baseia na psicanálise. Vejamos onde está o erro. Essa abordagem psicanalítica do *Yoga* tem por base a ideia de que o seu objetivo é alcançado silenciando a mente ou levando-a a um estado de tranquilidade perfeita, fazendo com que os pensamentos presos na mente subconsciente apareçam gradualmente, até o seu depósito se esgotar e a mente ficar vazia. Com este vazio produzido na mente, a realidade é supostamente revelada. Essa concepção é obviamente errônea, e está baseada num equívoco sobre a natureza da mente subconsciente.

É verdade que, ao procurar esvaziar a mente durante a meditação, os pensamentos e os desejos reprimidos do subconsciente tendem a aparecer na mente comparativamente vazia, sendo essa a razão das divagações mentais, com toda a espécie de ideias irrelevantes. Também é verdade que, com a libertação de tais pensamentos, a pressão da mente fica reduzida. Mas isso não pode provocar *chitta-vrtti-nirodha*, isto é, a inibição completa das modificações da mente, requerida no *Yoga*. Isso porque a mente subconsciente é um vasto depósito, de profundidades incomensuráveis, contendo as impressões (*samskāras*) de todos os estágios evolutivos anteriores. Assim sendo, se esse processo de meramente esvaziar o subconsciente for levado adiante, continuará interminavelmente, trazendo à tona as tendências atávicas e instintivas dos nossos estágios como selvagens e animais. Essas tendências ou impressões jazem profundamente sepultadas na nossa mente subconsciente, e algumas vezes são trazidas à superfície quando, em um estado frenético ou de excitação incontrolável, começamos a cometer atos desumanos ou a mostrar outras tendências do estágio animal. Todas essas coisas do passado remoto passaram para os níveis mais profundos da mente subconsciente, e não devem ser despertadas de novo. Pertencem à nossa evolução passada.

O verdadeiro escopo da técnica psicanalítica é remover as distorções e anormalidades que dizem respeito ao nosso adiantado estágio humano. Essas distorções e complexos provocam várias espécies de pressões na nossa psique, e precisam ser eliminados para restabelecer a saúde. Isso é feito, na psicanálise, por meio de sua conhecida técnica, de caráter realmente positivo. Com isso, as anormalidades são resolvidas naturalmente, e a psique se livra delas. Mas, como não existe um estado positivo de mente para substituir o negativo, isso leva à produção de um vácuo, que será preenchido pelos pensamentos e desejos derivados progressivamente dos níveis da mente subconsciente. É esse equívoco o responsável pela comparação da técnica do *Yoga* com a psicanálise, fazendo com que alguns escritores ocidentais confundam as duas coisas. Mas a semelhança entre ambas é superficial; nada existe de comum entre elas.

Como esse assunto é importante, gostaria de aprofundá-lo um pouco mais. Se levarmos em consideração a ideia do vácuo mental, constataremos que não pode haver vácuo na mente se ela estiver aberta no fundo, em contato com os níveis subconscientes. Não se pode produzir vácuo, por exemplo, em um recipiente que esteja em comunicação com uma fonte inexaurível de gás. Portanto, é insustentável a concepção de que, deixando a mente subconsciente esvaziar-se relaxadamente na mente consciente, seja possível chegar a um estado no qual a mente fique vazia e livre de modificações. Isso contraria também as experiências já obtidas na prática do *Yoga*.

Por sua própria natureza, a mente não pode chegar a um estado de vacuidade. Para se produzir um vácuo num recipiente, todas as suas formas de comunicação precisam ser fortemente fechadas. Então, só será possível obter ar de qualquer fonte abrindo a válvula correspondente. É por isso que, na meditação *yóguica*, todas as fontes de comunicação com a mente são cortadas, antes que o *samādhi* possa ser praticado com sucesso. Mas não se pode isolar a mente subconsciente da consciente simplesmente fechando-a com uma tampa, como se faz com um recipiente físico. A única maneira pela qual a mente pode ser desligada de qualquer fonte de suprimento é por meio da concentração. Quando nos concentramos intensamente em alguma coisa, desligamos a fonte de qualquer outra. Não há outro modo de produzir o vácuo metafórico a que nos referimos.

Quando a mente está bem concentrada em qualquer objeto, fica completamente fechada de todos os lados, exceto de um, que é o seu próprio centro, o centro da consciência. Mas uma espécie de válvula fecha esse centro e isola todos os níveis superconscientes da mente que estão além dele, no outro lado. O que bloqueia esse centro? Evidentemente, o objeto preso à mente, sobre o qual ela está concentrada.

Se aquele objeto, chamado de "semente" do *samādhi samprajnāta* (o *samādhi* com consciência e com semente), for abandonado, duas coisas ocorrem simultaneamente:

1) Produz-se um verdadeiro vácuo mental, pois a mente agora nada contém, porque o único objeto sobre o qual ela estava concentrada desapareceu.
2) A passagem para o superconsciente fica aberta, pois era o objeto (*pratyaya*) que estava fechando essa passagem. Assim, a consciência escorrega através do centro que liga os níveis consciente e superconsciente da mente, emergindo no nível superior seguinte. Também podemos dizer que a superconsciência entra na mente através deste centro. Essa é a técnica do *asamprajnāta samādhi* (o *samādhi* com consciência e sem semente).

Entretanto, por que o *asamprajnāta samādhi* não pode ser praticado sem primeiro ter sido realizado o *samprajnāta samādhi*? Ou, em termos menos técnicos, por que não é possível abandonar o último objeto ou a ultima imagem fixada na mente no momento da meditação comum, produzindo o referido vácuo mental? A resposta já foi dada anteriormente: porque, na meditação comum, não existe o grau de concentração requerido para fechar a mente contra quaisquer coisas, exceto no seu próprio centro. Só no *samprajnāta samādhi* é que esse grau de concentração pode ser obtido.

Um estado mental no qual se permita que a mente permaneça algo relaxada, a ponto dos pensamentos e desejos subconscientes poderem emergir e nela aparecerem, constitui justamente o oposto daquela condição concentrada. Essa condição, por sua própria natureza, deverá ser superada, a fim de se produzir aquele vácuo de extrema firmeza, que é necessário para que a realidade oculta possa se revelar. É por esta razão que a técnica do *Yoga* não é uma técnica de relaxamento, mas da mais estável concentração pelo poder da vontade.

No entanto, o estudante não deve pensar que o *samādhi* é um estado de luta e tensão, no qual a vontade procura forçar a concentração da mente, ou onde ela tenta resistir à imposição da vontade. Essa seria uma ideia totalmente errada da natureza do *samādhi*. Devemos compreender que a verdadeira atuação do poder da vontade espiritual não é um processo que implica tensão ou luta. É calmo, confiante, de profunda paz. Os que possuem real poder de vontade espiritual não estão em luta com suas mentes ou emoções. Tal estado não mostra a presença do poder da vontade espiritual, mas a sua ausência. Quando *Ātmā*, o Governante Interno, que é a fonte da vontade espiritual, está no comando, tudo dentro de nós se alinha e se submete à sua vontade, assim como todos obedecem, imediatamente, ao comando de um Rei. Portanto, o estado de concentração produzido no *samādhi*, sendo o resultado do verdadeiro poder da vontade, está inteiramente livre de tensões, lutas, pressões e resistências. Tudo isso já foi eliminado durante a prática das técnicas preliminares do *Yoga*, como *yāmā*, *niyāma* etc.

Outra supersimplificação diz respeito à técnica pela qual se começa imediatamente a perceber os conteúdos da mente, a fim de descobrir o que está oculto atrás dela. Isso implica ignorar fatos importantes, que efetivamente fazem parte deste problema e impedem o aspirante de alcançar o seu objetivo. Tal técnica parece ser bastante atraente, porque dá a impressão de que podemos alcançar um elevado grau de realização humana de maneira simples e sem qualquer auxílio externo.

Essa técnica, desde o início, tem como base o desenvolvimento da percepção de nossa mente, suas atividades, tendências, preconceitos, predileções e predisposições devido a condicionamentos anteriores. Afirmava-se que, ao perceber isso, tais empecilhos começariam a se dissolver, um após o outro, e a mente finalmente se libertaria de todas as tendências às quais está condicionada, alcançando o estado completamente livre, que pode ser chamado de pura consciência ou Realidade.

A apercepção que produz esse notável resultado, evidentemente, não é uma apercepção comum, da qual nos valemos quando fazemos uma introspecção qualquer. É um tipo de apercepção especial, onde a mente está livre de pressões e tendências geradas por condicionamentos passados. Só esse tipo particular de apercepção é considerado capaz de dissipar todos os empecilhos que sobrecarregam a mente, e, portanto, de trazer a Realidade.

A primeira pergunta que podemos fazer é: quem detém a apercepção? Será a própria mente? Em outras palavras, a quem pertence a faculdade de apercebimento? Será que a mente percebe a si mesma? Aqui está a primeira brecha na argumentação sobre a qual o método se baseia. A mente, em si, não tem capacidade de ficar apercebida. Ela brilha com a luz de *Buddhi,* que capacita a mente a perceber ou ficar apercebida de qualquer coisa. Obviamente, portanto, *buddhi* é um fator indispensável no processo. Se o processo depende de *buddhi*, a condição do funcionamento de *buddhi* é que determinará o resultado da tentativa a ficarmos apercebidos de nossa mente, de suas tendências, atividades, etc. Mas sabemos que *buddhi*, ou a intuição, é extremamente sensível às condições do meio através do qual opera, ou seja, a mente.

A mente pode levar adiante todas as suas operações comuns em condições desarmônicas e perturbadas. Porém, quando se tratar de ver o significado das coisas, ver suas próprias faltas, suas tendências, suas distorções e as ilusões da vida que a envolvem, ela ficará desamparada. Isso só não ocorrerá quando a luz de *buddhi*, vindo através de um veículo puro e harmônico, tiver possibilidade de se filtrar dentro da mente. Sabemos muito bem como as pessoas cujas mentes foram tomadas por tendências más são incapazes de ver algo errado em suas próprias ações, apesar dessas aberrações serem de caráter grosseiro, claramente notadas pelos outros.

Isso mostra que, até para começar o processo de observar a mente, é preciso que ela esteja razoavelmente controlada, pura e harmônica, para que, através dela mesma, pelo menos alguma iluminação de *buddhi* possa chegar. A mente do homem comum está em tais condições? Se não está, como ele pode sequer começar este trabalho (sem falar em completá-lo com sucesso)? Antes de começar ele precisa estar com a mente razoavelmente pura, harmônica, tranquila e controlada.

Se essas qualidades não estiverem presentes, como poderão ser alcançadas? "Percebendo as tendências da mente", respondem os que acreditam nessa filosofia e nessa técnica. Será que eles não percebem que isso é o mesmo que andar em círculos? A iluminação de *buddhi* só pode chegar quando a mente é pura, harmonizada e tranquila, e isso só pode acontecer quando está iluminada pela luz pura de *buddhi*.

Assim sendo, como conseguir a pureza mínima requerida até mesmo no início do processo de apercebimento das aberrações da mente? A tal filosofia nova não se preocupa em responder a isso. Mas qualquer um pode perceber que essa pureza e essa tranquilidade podem ser obtidas por um simples processo de disciplinar a mente. Milhares de pessoas o fizeram; qualquer um pode fazê-lo, desde que se esforce com empenho. Essa disciplina preliminar não requer que estejamos apercebidos das condições da mente. Basta seguir certas normas que regulam as atividades mentais, as emoções, os desejos e o curso das ações.

Qualquer um, portanto, pode iniciar esse trabalho e levá-lo até o fim com sucesso, sempre que quiser e onde estiver. Quando a mente estiver purificada e tranquila, e a luz de *buddhi* começar a brilhar através dela, adquirirá a capacidade de observar as suas próprias aberrações. Só então a técnica da apercepção pode ser aplicada, como é feito em todos os sistemas de cultura espiritual e *Yoga*. A técnica de ficar apercebido da mente não é uma exclusividade dessa nova filosofia. É uma característica essencial de qualquer sistema de cultura espiritual, que vem sendo praticado desde tempos imemoriais. Se não fosse assim, como os seres comuns, com todas as suas fraquezas e imperfeições, poderiam ter se convertido em santos? A mente de um verdadeiro santo é tão alerta, tão discriminativa, tão sensível, que a mínima ondulação de uma tendência indesejável é percebida de imediato e eliminada instantaneamente. Essa sensibilidade e esse estado de atenção são desenvolvidos pela autodisciplina constante e prolongada.

Portanto, o que está errado nessa filosofia não é a inclusão do apercebimento, mas a sua técnica de autodisciplina, sem a qual a apercepção não pode ser praticada. Quanto ao medo da autodisciplina condicionar a mente, cabe ao aspirante julgar se o tipo correto de autodisciplina condiciona a mente ou a descondiciona das tendências indesejáveis geralmente presentes no ser humano. O que abordados anteriormente deve bastar para responder também a essa questão.

Aqueles que tentam seriamente usar esses métodos aparentemente simples logo descobrem que, na realidade, eles abrangem toda a técnica especial do *Yoga*. De acordo com a ciência, se tentarmos chegar ao cume de uma montanha por um atalho, gastaremos a mesma quantidade de energia que pelo caminho normal. Se pretendermos ganhar tempo, precisaremos gastar energia mais aceleradamente. A natureza não oferece facilidades em troca de nada.

CAPÍTULO 7

A questão do Guia

O verdadeiro propósito da evolução humana, como vimos, é desenvolver um indivíduo autoiluminado, autodeterminado e autossuficiente. É óbvio que, nos estágios finais, o indivíduo só pode evoluir através do autodirecionamento. A orientação externa é necessária, e é oferecida nos estágios primários; porém, à medida que o indivíduo avança no caminho do desenvolvimento interior, a orientação externa é retirada. Ele é forçado a buscar orientação dentro de si e a acender sua própria lâmpada.

Faz parte de própria natureza da constituição do homem o fato de que essa orientação está disponível em seu interior. O âmago de seu ser é um centro da Consciência Divina. Sua vida tem raízes na Realidade que está na base do universo manifestado, e que é a energia e o guia de sua evolução. O homem é um microcosmo que contém em si todos os poderes e faculdades que vemos, em forma ativa, no macrocosmo. São essas potencialidades que se desenvolvem em seu interior e gradativamente se tornam ativas, uma após a outra, à medida que a evolução prossegue.

Os grandes instrutores da sabedoria eterna e os livros que tratam do problema da autorrealização repetem que a luz que guia o buscador em sua procura da verdade só pode vir de seu próprio interior. Vejamos o que diz a esse respeito o livro *Luz no Caminho*[18]:

"Dentro de vós está a luz do mundo – a única luz que pode ser projetada no caminho. Se não podeis percebê-la em vosso interior, é inútil procurá-la em qualquer outro lugar".

Os *Yoga-Sūtras*, tratando do problema da direção no caminho do *Yoga*, liquidam o assunto em um *sūtra*:

Yogānganusthānād aśuddhi-ksaye jñādīptir āviveka-khyāteh (II-28)
"Da prática dos exercícios componentes do *Yoga,* com a destruição da impureza, nasce a iluminação espiritual que se desenvolve em percepção da realidade".

É, portanto, bastante óbvio que qualquer pessoa seriamente empenhada no problema da autorrealização deve ponderar sobre a questão da direção no caminho, até que em sua mente não reste mais dúvida de que essa direção só pode vir do seu interior. Só então tentará seriamente, e

[18] Publicado pela Editora Teosófica, 1999. (N. ed. bras.)

de maneira decidida, encontrar dentro de seu coração a luz que pode guiá-la constante e infalivelmente.

Quando, então, alguém deve tomar a luz interior como guia? É desnecessário dizer que o homem é incapaz de aproveitar a vantagem desse guia interior nos estágios iniciais de sua evolução. Por muito tempo, agentes externos de educação desenvolverão sua mente, moldarão seu caráter e estimularão suas faculdades espirituais. Mas chega um tempo, no crescimento de toda alma, em que essa orientação externa começa a se mostrar inadequada, e sente-se a necessidade não apenas de um objetivo espiritual dinâmico e definido, mas também de meios mais eficientes para atingir esse objetivo. O aspirante, então, volta-se para o seu interior, a fim de descobrir a realidade oculta dentro de seu coração, e começa a realizar, em sua mente e em seu coração, às necessárias mudanças que possibilitarão cumprir sua tarefa. Ele entra seriamente no campo da autocultura. Este é o momento de começar a busca da única fonte de luz que pode iluminar seu caminho.

Todo aspirante deve ter duas coisas absolutamente claras em sua mente: qual é o seu objetivo e quem o guiará no caminho para esse objetivo. A resposta à primeira questão depende, naturalmente, do indivíduo, de seu temperamento, de seus *samskāras* e do ambiente de sua formação. Mas, ainda que os objetivos temporários de um aspirante possam diferir, dependendo do estágio de sua evolução e da fase que está atravessando no momento, o objetivo final de todos é o mesmo: a liberação das ilusões e misérias da vida e um caminho de iluminação e amor, como um indivíduo autorrealizado.

A resposta à segunda questão é dada, sem qualquer dúvida, no muito conhecido *sūtra:*

Sapūrvesām api guruh kālenānavacchedāt (I-26)
"Não sendo condicionado pelo tempo, Ele (*Īsvara*)
é o instrutor mesmo dos antigos".

Īsvara, ou a Deidade que preside o Sistema Solar, é o único e verdadeiro instrutor das diferentes humanidades que surgem e desaparecem no vasto drama que está sendo representado em diferentes estágios e em épocas diferentes. Ele é o *Jagat-Guru* (Instrutor Mundial) que ensina os "antigos", que então ministra parte desses ensinamentos a diferentes raças e sub-raças, de acordo com suas necessidades e circunstâncias. Sua é a Luz da Sabedoria que brilha pura, sem mácula nos corações de todos os verdadeiros instrutores espirituais da humanidade, e também brilha, ainda que menos, nos corações de todos os verdadeiros aspirantes, como a luz no caminho. Ele é a fonte de poder e inspiração no caso de todos os verdadeiros instrutores da sabedoria, e Ele também é o guia invisível que dirige todas as almas, lenta mas seguramente, para sua meta através do longo ciclo da evolução.

As escrituras hindus salientaram muitas e muitas vezes que Deus e o guru são um e o mesmo, e o discípulo não deve, em qualquer circunstância, imaginar que são diferentes. Essa afirmação a respeito da identidade de Deus e do guru significa simplesmente que o mesmo Deus que é o objetivo de nosso esforço espiritual é também o guia em nossa busca, que fala em nossos corações, primeiro como a voz da consciência e depois como a voz do silêncio. Essa importante verdade sobre nossa vida interior tem sido usualmente distorcida em interpretações ortodoxas, por motivos óbvios, querendo dizer que mesmo um guru comum, com todas as limitações e fraquezas humanas, deveria ser adorado como Deus...

A ideia da Deidade em Sua função como instrutor é simbolizada nas escrituras hindus como *Dakshināmūrti*. Os seguintes versos, muito conhecidos, descrevem magnificamente, em forma gráfica, a Sua natureza e suas funções como *Jagat-Guru*:

Citram vatataror mūle vrddhāh śisyā yuvā
Guros tu maunam vyākhyānam śisyās tu
chihhasamśayāh.

"Que maravilha! Sob frondosa figueira brava[19] e próximo à sua raiz está sentado o jovem Instrutor entre seus discípulos idosos. O Instrutor permanece em silêncio, entretanto todas as dúvidas dos discípulos são dissipadas".

Esse verso se refere ao *Dakshināmūrti*. Ele contém algumas das mais importantes e profundas ideias sobre o relacionamento *guru-śishya*. Consideremos primeiro o nome e a forma que simbolizam a função divina do Instrutor. A indicação para o nome encontrada no *Dakshināmūrti Upanishad* onde *Daksinā* quer dizer *buddhi*, a faculdade espiritual que nos possibilita perceber a verdade diretamente, sem o uso do intelecto. Portanto, *Dakshināmūrti* significa a corporificação de *buddhi*, a representação simbólica daquela função da Consciência Divina dentro de nós, que nos capacita a compreender e a receber as verdades espirituais diretamente, nas profundidades da nossa própria consciência.

Chegamos então à forma de *Dakshināmūrti* e ao cenário em que Ele se mostra. Ambos são altamente simbólicos e nos dão um vislumbre de alguns mistérios das experiências espirituais e das iniciações que a eles levam. O primeiro ponto que temos de notar na simbologia do *Dakshināmūrti* é que Ele é mostrado com a mesma forma de *Shiva*, sendo mínimas as diferenças e enfatizando Sua função como *Jagat-Guru*. Isso, sem dúvida, significa que a realidade, a fonte das funções criadoras, preservadora e re-

[19] *Banyan tree,* no original. (N. ed. bras.)

generadora de *Īshvara*, simbolizadas em *Brahmā*, *Vishnu* e *Mahesha*, é também a fonte do conhecimento e sabedoria necessários à evolução da humanidade e à iluminação dos indivíduos que procuram a libertação.

Não é possível, aqui, tratar exaustivamente da simbologia de *Dakshināmūrti*, mas alguns aspectos importantes mencionados no *sūtra* da página 150 podem ser explanados.

Por que Ele é mostrado sob uma figueira brava, próximo à sua raiz? A figueira brava é sabidamente o símbolo do conhecimento humano; suas muitas e ramificadas raízes representam os diferentes ramos do saber que vão aparecendo à medida que o conhecimento cresce. Mas a árvore é um símbolo do conhecimento intelectual, *apara-vidyā*, e não de sabedoria, ou *para-vidyā*, que é o conhecimento nascido do contato direto com a Consciência Divina. O primeiro, expresso através do intelecto, é capaz de progressiva diferenciação e elaboração. O segundo é integral, eternamente presente como um todo na Consciência Divina; é conhecido através de *buddhi*, mas é auxiliado pelo intelecto em sua expressão parcial e imperfeita nos planos inferiores do intelecto. Por isto, *Dakshināmūrti* aparece sentado próximo à raiz da figueira brava, e entretanto separado da árvore.

O paradoxo de o instrutor ser jovem e os discípulos velhos apenas simboliza o fato de que a fonte da sabedoria é eterna; por isso, não está sujeita às leis do nascimento, crescimento e deterioração que se aplicam a todas as coisas no reino do tempo e do espaço. Essa sabedoria eterna tem de ser passada aos instrutores no reino do tempo e do espaço, e estes, embora avançados espiritualmente, têm que trabalhar através do meio imperfeito e impermanente do intelecto. Tanto eles quanto seus ensinamentos estão sujeitos às leis do crescimento e da decadência. Não apenas os corpos dos instrutores envelhecem e morrem como os dos outros, mas seus ensinamentos se deterioram com o decorrer do tempo, pela ignorância e fraqueza daqueles que os transmitem. Porém, a sabedoria eterna da qual esses ensinamentos derivam permanece nova, dinâmica e pura como a juventude, pois é parte da Consciência Divina do *Logos*.

Outro paradoxo contido nos versos – o do Instrutor permanecer silencioso e ainda assim dissipar todas as dúvidas dos discípulos – é talvez a mais importante característica da simbologia do *Dakshināmūrti*. Para compreender esse mistério é preciso recordar que o conhecimento que pode ser comunicado por intermédio da linguagem é *apara-vidyā*, pertinente ao intelecto. Os mais elevados e profundos segredos da vida estão além do escopo do intelecto e não podem ser comunicados pela linguagem, somente por experiências diretas. A consciência daquele que recebe é levada a um nível mais alto, onde pode experimentar diretamente a verdade e conhecer a realidade, tornando-se realmente consciente dela.

O intelecto é um instrumento incompleto para a aquisição de conhecimentos, mesmo no que tange à vida inferior. Para as coisas dos reinos espirituais, é completamente inadequado. O conhecimento da relação entre o *jīvātmā* e o *paramātmā*, a natureza do amor divino, a razão do *jīvātmā* vir ser envolvido no processo mundano e todas essas questões não são realmente matéria para compreensão intelectual, mas para experiência direta nas profundidades de nossa própria consciência, ao transcender o intelecto.

Fora da necessidade de percepção direta na aquisição do conhecimento das realidades transcendentes, mesmo nossas dúvidas e dificuldade comuns, ligadas à nossa vida interna, são bem mais removidas por meio da luz de *buddhi,* que vem de dentro e que pode ser considerada um raio de luz emanado de *Dakshināmūrti.* Até que essa Luz ilumine nosso intelecto, o conhecimento intelectual permanece em sua maior parte estéril, e sua importância verdadeira e mais profunda permanece oculta.

Depois de ter considerado a natureza do Instrutor Divino, que está presente no coração de todo aspirante, esperando para guiá-lo por meio da voz do silêncio, vamos tratar muito sucintamente das vantagens de estabelecer um contato direto com Ele. Um dos maiores problemas da vida espiritual é encontrar um guia que possa nos ajudar a vencer as dificuldades e provações, dando-nos força quando nos sentimos desencorajados e luz quando parecemos perdidos nas trevas da ignorância e desespero. Muitos aspirantes sérios gastam inutilmente suas vidas procurando um guru conveniente no mundo externo e ignorando o Supremo Guru, que está muito mais perto deles, cuja sabedoria, força e compaixão são ilimitadas e estão sempre à sua disposição, que está sempre ciente mesmo da mais insignificante de suas aspirações e responde aos seus mais fracos, porém sinceros, pedidos de socorro.

A verdadeira dificuldade nesses casos é a falta de fé e confiança – falta de fé no fato de o Guru Interior está em nós, pronto para nos guiar, e falta de confiança em nossa aptidão para estabelecer contato com Ele e receber Seu auxílio. Todas essas dúvidas podem ser resolvidas por um supremo ato de fé, voltando-nos resolutamente em Sua direção e chamando-O para ser nosso guia. À medida que persistimos em nos dirigir a Ele em busca do auxílio que necessitamos em nossa vida interior, descobriremos que cada vez mais auxílio nos chega até nos tornarmos independentes de qualquer ajuda externa. É claro que devemos também fazer o melhor possível para sermos capazes de obter auxílio dessa maneira, pois a luz de *buddhi* só pode brilhar em uma mente pura, tranquila, harmonizada e plena de devoção.

Há mais uma questão a ser considerada sobre a função de Dakshinamurti como Supremo Instrutor. Onde ficam os verdadeiros instrutores dos homens que guiam os aspirantes no caminho da libertação, em relação ao Dakshinamurti? Esses instrutores e mestres da sabedoria indubitavelmente existem, e, de diferentes maneiras, ajudam as pessoas em seu desenvolvimento espiritual. Não há lugar para eles na vida do aspirante que reconhece Dakshinamurti como o Supremo Instrutor?

Ao considerar essa questão, devemos lembrar que todos os *Sat-gurus* são seres libertos, permanentemente estabelecidos em *sat* (verdade), portanto, sua consciência é una com a Consciência do Dakshinamurti. Eles são, de certa maneira, "postos avançados" de Sua Consciência e agentes de Sua Vontade em relação a todos os aspirantes. Quando um aspirante necessita e merece, o auxílio lhe é oferecido através Deles, da melhor maneira possível e conforme as circunstâncias. Não lhe compete julgar como, ou por meio de quem, o auxílio é dado. Ele deve deixar essas coisas àqueles que podem levar avante a vontade do Supremo Instrutor com habilidade e sabedoria. Deve, também, ficar alerta e vigilante, pronto para receber ajuda e orientação de qualquer maneira que ela apareça.

Pode ser que ele fique em contato físico com um Instrutor, ou que seja guiado do interior; ou, ainda, seja deixado inteiramente a seus próprios recursos, para capacitá-lo a desenvolver sua força interior e sua autoconfiança. A natureza do auxílio varia de acordo com as circunstâncias e as necessidades do discípulo. Instrutores menores podem também agir como instrumentos imperfeitos do Dakshinamurti, segundo sua pureza mental, seu grau de libertação do egoísmo e a harmonização de suas mentes com Sua Consciência.

Glossário de Termos Sânscritos

Āsanas	Posturas.
Ātmā	O Espírito Universal no Homem.
Avidyā	Ignorância fundamental; desconhecimento da nossa real natureza divina.
Buddhi	Inteligência espiritual; intuição.
Citta-vrttis	Modificações da mente.
Dhāranā	Concentração.
Dhyāna	Meditação; contemplação.
Gupta-Vidyā	Ciência secreta.
Japa	Pronúncia meditativa ou repetida; repetição articulada ou mental de mantras.
Jīvātmā	Espírito individual, ser espiritual.
Kaivalya	Autorrealização.

Kleshas	Causa das misérias humanas, aflições da vida.
Kriyā-Yoga	*Yoga* preliminar.
Niyāma	Regras de autodisciplina ou observância a serem cultivadas.
Paramātmā	Espírito Supremo, Ser Universal.
Prānāyāma	Controle da energia vital.
Pratyāhāra	Abstração dos sentidos.
Pratyaya	Objeto sobre o qual se medita.
Sādhaka	Aspirante.
Sādhana	Os meios para alcançar uma meta, especialmente a meta espiritual; aquele modo de viver e as práticas que levam à iluminação espiritual.
Samādhi	Êxtase; o último estágio da realidade *yóguica*; contemplação; serenidade.
Samkāras	Impressões e tendências trazidas do passado; acúmulo de experiências, processo de amadurecimento.

Samyama Um termo composto que designa as três fases da meditação no *Yoga*: *dhāranā*, *dhyāna* e *samādhi.*

Upāsanā Devoção, adoração; literalmente: sentar-se próximo.

Vairāgya Desapego.

Viveka Discernimento espiritual, discriminação entre o temporal e o não temporal, o irreal e o real.

Yāmā Votos de audodomínio.

Maiores informações sobre Teosofia e o Caminho Espiritual podem ser obtidas escrevendo para a **Sociedade Teosófica no Brasil** no seguinte endereço: SGAS - Quadra 603, Conj. E, s/nº, CEP 70.200-630 Brasília, DF. O telefone é (61) 3226-0662. Também podem ser feitos pelo e-mail: secretaria@sociedadeteosofica.org.br site: www.sociedadeteosofica.org.br.